不器用な子どもがしあわせになる育て方

宮口幸治 児童精神科医／立命館大学教授

かんき出版

うちの子は
とっても不器用。

コミュニケーションが
苦手で
同世代の子と
仲良くできなかったり、

人の話を聞けず
ボーッとしたり、
手先が不器用で
ものをすぐ壊して
しまったり、

感情をうまく
コントロールできず、
まわりの人を
困らせてしまう…。

でも、本当は素直で
やさしい子だって
わかっている。

まわりの人にも
この子の
やさしさが
伝われればいいな…。

この本をそんな
素直でやさしくて
不器用な子を持つ
お母さん、お父さんに贈ります。

はじめに

私は現在、大学で教鞭《きょうべん》をとっていますが、それまでの長い時間、少年院で児童精神科医として勤務してきました。

そこで目にしたのは、多くの非行少年たちです。

みなさんは、非行に走る少年にどんなイメージを持ちますか？

粗暴？　すぐキレる？　手がつけられないワル……？？？

私が実際に少年たちと出会って感じたのは、**「素直で人なつっこいのに、とても不器用な子どもたち」**といった印象でした。

不器用というのは、手先のことだけではありません。

人の言葉や行動をゆがめて理解してしまったり、人とうまくコミュニケーションをとれなかったり、自分のイメージ通りに体を動かせなかったり……
つまり、**「生き方そのもの」が不器用な少年**ばかりだったのです。
そのため、少年たちは非常に生きづらさを感じているようでした。
生きづらい少年たちと出会うなかで、このまま出院させても、また失敗続きの人生を歩んで再び非行に走ってしまうのではないか……と感じる少年たちも数多くいました。

そんな彼らに必要だったのは「考える力」だったと考えています。反省とひと口に言っても、反省に至るまでの想像力が欠けていれば、「自分がしたことが、なぜ悪いのか?」ということがわかりません。

考える力がなければ、反省することすらできないのです。

彼らが社会で生きていくには生活支援も必要ですが、たとえまわりが環境を整え、サポートのための道具をいろいろと用意しても、結局は「自分の頭で考え、自分で決めて、自分で行動する力をつけさせること」がいちばんの支援になると確信しています。

そのために開発されたのが、本書でご紹介する「コグトレ」です。

少年院にいる少年たちが生活の何に困り、どんなところでつまずくかを考え、研究した末に生み出されたトレーニングで、**認知力、対人力、身体力アップを目指します。**

非行少年への教育から始まったコグトレですが、現在はむしろ学校教育のほうで注目され、国内の多くの学校で取り入れられるようになってきました。これは、**不器用で生きづらい子どもたちが「少年院の外」にも多数存在することを意味します。**

なぜ、いま「困っている子ども」が注目されているのでしょうか？

子どもが「困っている」理由はさまざまにあると思いますが、私は次のようなことが原因になっているケースが多いのではないのかと考えています。

詳しくは本文で解説しますが、簡単に言うとＩＱ70～84ほどの、かつては

「軽度知的障害」と認定されていた人たちが、いまの基準では支援からこぼれ落ちやすいためです。

彼らは「境界知能（グレーゾーン）」と呼ばれ、満足なサポートが受けられないことも多いのに、普通の知能レベルを持つ子どもたちと同じ生活を強いられます。当然、みんなと同じようには課題をこなせませんし、コミュニケーションに難が見られることもあります。

これが、現代社会で、「困っている子ども」が注目されている理由なのではないかと思うのです。

そういった子どもたちを理解し、力を発揮させてあげるためには、次のような**「子どもが活きる3つの輪」**を考えてみてください。

子どもは1人ひとり個性があって違います。これが**「A 本人の特性」**です。

また子どもには、安心でき、**「B 支える大人の存在」**が必要になります。

最後に子どもの特性を理解し、しっかり支えてくれる大人の存在のもとで、子ども自身がさまざまなことにチャレンジできる**「C 本人のいる環境」**

子どもが活きる3つの輪

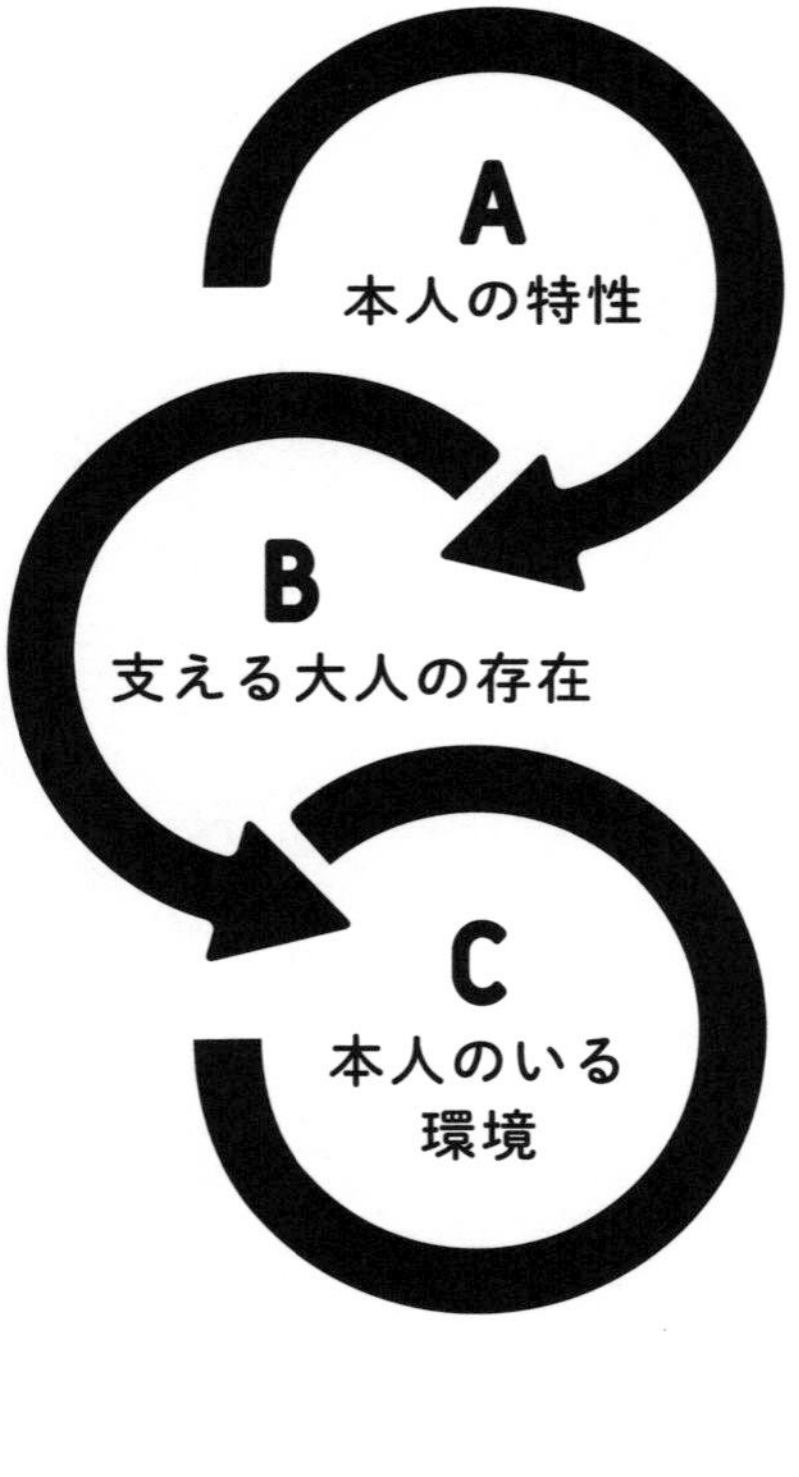

があってはじめて、子どもは自分の力を発揮できるのです。

もし、これら3つがうまくいかないと、不器用な子どもはだんだんと「サポートが難しい、面倒な子ども」になっていきます。

Aは本人が持っている障害を含めた特性ですが、これだけでは「サポートが難しい子ども」にはなりません。

大人がしっかりと支えてあげて（B）、本人の生きづらさや困難さを改善できる環境や機会（C）があれば、不器用な子どもでも自分の力を発揮できるのです。

「サポートが難しい、面倒な子ども」とされてしまうのは、本人の特性だけでなく、サポートする存在や適切な環境が用意されていないことが原因になっている可能性があります。

不器用な子どもがしあわせに育つには欠かせない、この3つの輪で本書は構成されています。

チャプター1～3で不器用な子どもの特徴を説明し（A 本人の特性）、チャプター4ではまわりの大人がしてあげられること（B 支える大人の存在）を、チャプター5では子どもと一緒にチャレンジしていただきたいトレーニング「コグトレ」を紹介していきます（C 本人のいる環境）。

さらに各章のはじめには、チェックリストも用意しました。各チャプターを読む前にチェックすることで、「いったい子どもはどこで困っているのか？」「私たち大人が何をしてあげるべきなのか？」を、よりはっきりと理解することができるでしょう。

もちろん、コグトレに挑戦していただけるように、巻末にダウンロード形式で活用できるトレーニングシートも用意しています。

教育機関で次々にコグトレが採用され、一般の方にも認知されていく一方で、

「不器用な子どもにどう接したらよいのかわからない……」

「子どもの感情を落ち着かせるよい方法はないでしょうか？」といった相談が、不器用な子どもを持つ保護者から多数寄せられるようになりました。

本書はそのアンサーブックです。子どものあらゆるチャレンジにも応用できるでしょう。

ぜひ効果的に活用していただき、目の前にいる大切なお子さんが少しでも生きやすく、楽しい毎日が過ごせることを願っています。

宮口　幸治

コグトレ体験者と採用した教員の声

落ち着いて考えられるようになった！

ポジティブ思考に変わった

論理的に考える習慣がついて、いつまでもメソメソしていたらダメだとわかった。

静かに話が聞けるように

いつ学級崩壊が起こるかと思うくらい騒がしい教室だったが、落ち着いて授業を受けられるようになった。

いったん立ち止まって、考えるクセができた

なんでも思いつきでやっていたが、もっといい方法がないか、じっくりと考えられるようになった。

いろいろなことにチャレンジしてみたい！

勉強の楽しさに目覚めた

中卒で働こうと思っていたが、コグトレをやっていたら勉強がしたくなってきた。高校に行きたいし、大学にも行ってみたい。

大学進学の夢ができた

人の話がわからず、いつもボーッとしていた。コグトレにハマッてからは、先生の話が理解できるようになった。将来は大学に行きたい。

キレなくなった

前は何かあるたびにキレて大暴れすることが多かったけれど、「自分の勘違いかもしれない」と落ち着いて考えられるようになり、キレなくなった。

計算が苦手な子に有効

計算が苦手だった子も、1カ月程度の取り組みで劇的に計算が早くなった。

記憶力がよくなった

物覚えが悪く、いつも怒られてばかりだったのに、コグトレをやってからは「記憶力がいいな」と褒められた。

全校でコグトレに取り組むことに

クラスの生徒に実施したところ、大きな成果が出たので、全校でのコグトレ実施が決まった。

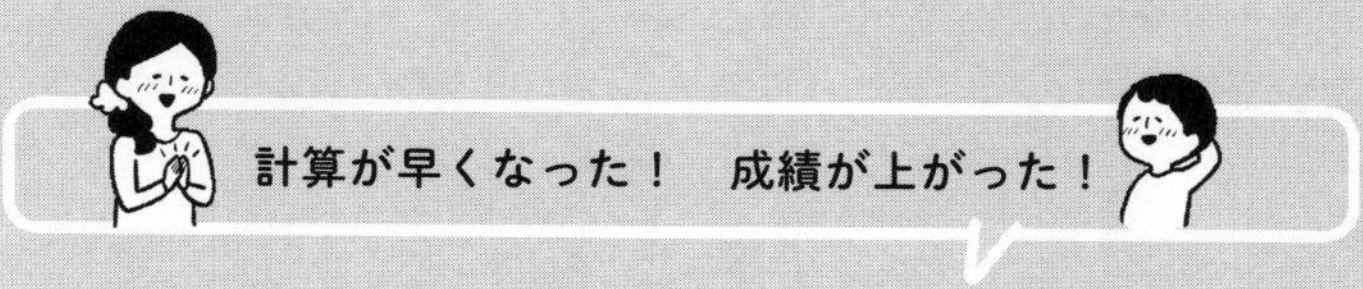

志望校に合格した

いつもがんばって勉強しても成績の上がらなかった中学3年生の子が、志望校に受かった。

暗算が得意になった

指を使わないと計算できなかった高校生が、コグトレ実施から2週間で暗算できるようになった。

「不器用な子どもがしあわせになる育て方」もくじ

CHAPTER 3

生きづらかった子どもは、どんな大人になるのか？

CHAPTER 4
不器用な子どもにあげられる2つのシンプルギフト

CHAPTER

5

子どもと一緒にコグトレを始めよう！

「対人力」アップのワーク

STAFF
本文デザイン・DTP　石山 沙蘭
本文イラスト　たき れい
校　正　赤羽 啓子

※本書で「少年」と表記している対象は、20歳に満たない男女を指しています。少年院は、罪を犯したおおむね12歳以上20歳未満の男女が入院します。

CHAPTER 1

なぜ、うちの子は「生きづらい」のか？

生きづらい、困っている子どもの背景を考えていく

ここでは目の前にいる子どもが「どうして生きづらいのか？」を理解するために、その背景を探っていきます。

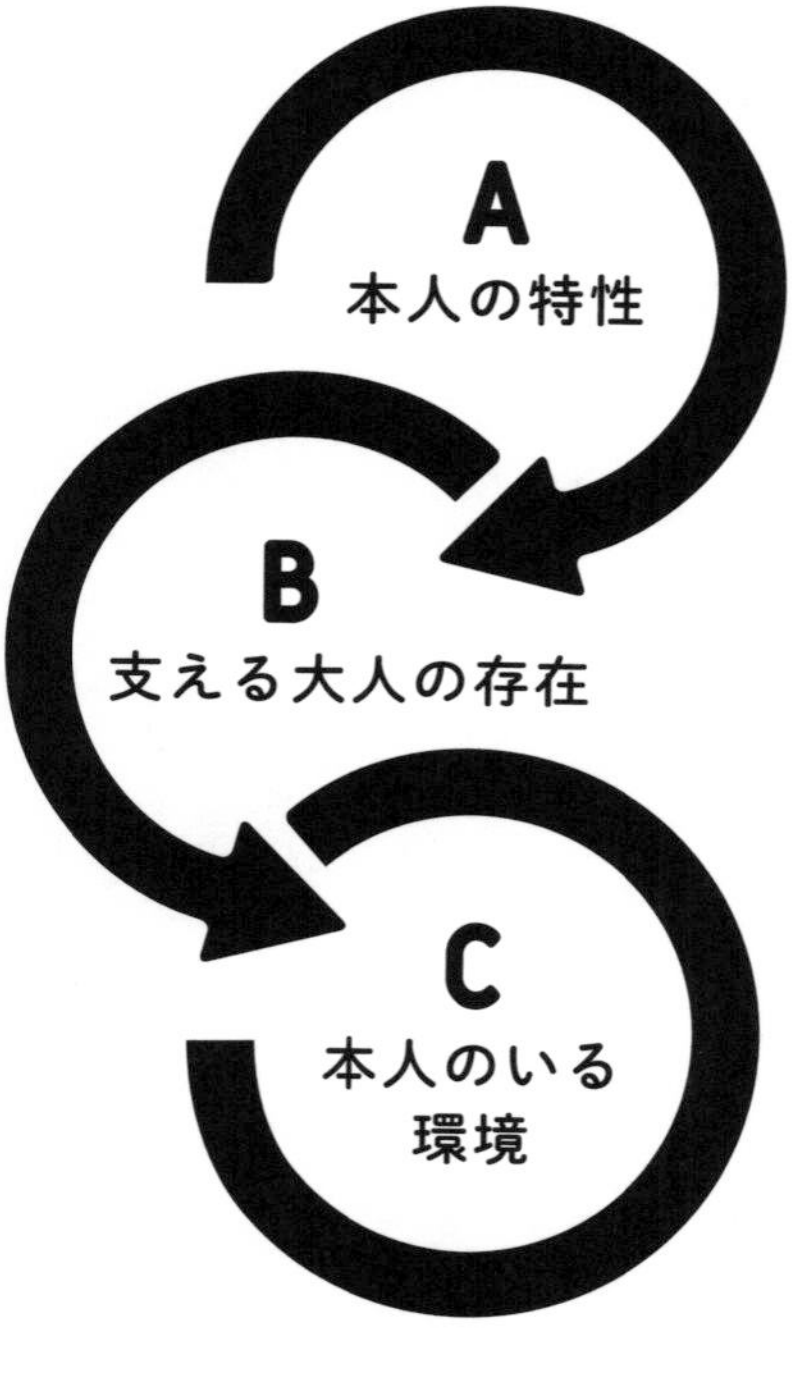
A
本人の特性
B
支える大人の存在
C
本人のいる
環境

お子さんのいまの状態を確認してみましょう

あなたのお子さんに（もしくは気になる子どもに）当てはまる項目に☑してみましょう。

- □すぐにカッとなる、いつもイライラしている
- □大人に反抗的な態度をとる
- □自分勝手な行動が多い
- □忘れ物が多い
- □じっと座っていられない
- □集中できない
- □先生の注意を聞けない
- □人の話を聞かないで、自分の言い分だけ主張する
- □勉強をやる気がない
- □やりたくないことをしない、嫌なことから逃げる
- □その場に応じた、適切な対応ができない
- □体や手先を上手に動かせない

「生きづらい」子どもたちは、必ずサインを出している

トラブル続きの子どもに、不安でいっぱいの保護者たち

「将来、幸せになってほしい」
「人とうまくやっていってほしい」
「自分を大切にしてほしい」

どんな親でも、自分の子どもによりよく生きてほしいと願っています。小さな頃はたとえ失敗やミスをしても、温かく見守ることが多かったでしょう。まわりの子も同じような失敗をしていたからです。

しかし、小学校に入り、集団生活や勉強が始まると状況は一変します。

担任の先生から「話を聞いていないことがあります」「授業についていくのが大変そうです」「友だちとトラブルを起こしがちです」などと連絡が入るようになり、「う

ちの子は、うまく学校生活を送れない子なのかもしれない……」と、いままで漠然と持っていた不安が、「生きづらさのサイン」として顕在化してきます。

私は、ある自治体の教育相談の場で、多くの保護者から声を聞いてきました。学校という一定のルールと集団行動が必要とされる場所で、さまざまな不適応がはっきりしてきて、親は自分の子どもが「生きづらさ」を抱えていることをはじめて知ります。

「学校から帰ってきてもイライラしているみたいで、どんどん関わりにくくなってきました……」

「これまで、障害について幼稚園でも指摘されたことはないんです。いったいこの先、親としてどうしたらいいのでしょうか。ほかの親御さんには話しにくいので……」

といった不安を抱え、悩まれている保護者は少なくありません。

子どものほうも、本当は「みんなとうまくやっていきたい」と思っています。親や友だち、学校の先生から認められたいと思っています。注意されてばかりの毎日は嫌に決まっています。しかし、**なぜかうまくいかないのです。**

そんな子どもたちから、がんばろうという意欲や反省している様子が見られたら、大人は手助けしてあげたいと思うでしょうが、実はそんなに簡単ではありません。

不器用な子どもたちは、普通の子どもがするような「いまとても困っているから助けてほしい」といったサインを出さないからです。

保護者も理解に苦しむでしょうが、子どものことを手助けするためには、まず子どもに何が起こっているのか？　背景にいったい何があるのか？　について理解する必要があります。

そして、「困っている子どもたち」を知るためのヒントは、実は「非行少年たち」にあったのです。

「学力以前の力」が備わっていない少年たち

私はこれまで少年院で10年以上勤務し、「非行少年」と呼ばれる多くの子どもたちに出会ってきました。

勤務当初は、凶暴な連中ばかりいるのではないか……と身構えていましたが、実際にはまったく違っていました。

少年院にいたのは生きづらい、不器用な子どもばかりだったのです。

簡単な計算ができない、漢字が読めない、簡単な図形を写せない、短い文章を復唱できない、身体の使い方が不器用……といった少年たちが大勢いました。

見る力、聞く力、想像する力が弱く、そのせいで聞き間違えや、まわりの状況が読めないことにつながり、対人関係で失敗してしまう……このことが被害者意識につながり、非行の一因にもなっていたのでした。

そのとき私が感じたのは、「この少年たちには生きていくために必要な、学力以前の力が備わっていない。これまで、学校や家庭でどのように過ごしていたのだろう？」ということです。

彼らはどんなサインを大人に出していたのでしょう？　そしてそのサインは、誰かが受けとっていたのでしょうか？

私はこのときはじめて、想定以上に低いレベルのことにつまずいている非行少年たちの実情を知りました。

同時に**少年たちは「〝本当は〟賢くなりたい」と思っていたこと、そして、大人に対して「もっと自分を見てほしい。もっと構ってほしい」といった気持ちを持っていたこと**も知ったのです。

少年院に来る結果になってしまった「不器用な少年たち」は、「彼らの生活に本当はどんな支援が必要だったのか」を教えてくれました。私が彼らから受けとったメッセージは、いままさに「生きづらさ」を抱える子どもたちが感じている「困っていること」なのではないかと考えています（これらはチャプター2で詳しく説明していきます）。

子どもの「困っている」サインを見落とさない

私は、これまでさまざまな自治体で、教育相談や学校コンサルテーション（学校で見られる困難な事例の相談）を行なってきました。学校コンサルでは幼稚園や小学校・中学校に伺う機会があります。

そこで出会う「困っている子ども」についての相談内容は、発達や学習の遅れ、発達障害、自傷行為、粗暴行為、いじめ、不登校、非行、養育環境の問題など、さまざまな課題が入り混じっています。

そこで相談を受ける「困っている子ども」は、小学校1、2年生くらいからさまざまな「不適応のサイン」を出し始めます。

その特徴的なものが、冒頭で☑していただいたものです（再掲します）。

□すぐにカッとなる、いつもイライラしている
□先生の注意を聞けない、大人に反抗的な態度をとる
□勉強をやる気がない、集中できない、忘れ物が多い
□人の話を聞かないで、自分の言い分だけ主張する
□その場に応じた対応ができない、自分勝手な行動が多い
□やりたくないことをしない、嫌なことから逃げる
□じっと座っていられない、身体の使い方が不器用

また教育相談の場には、勉強が苦手、友だちとうまく付き合えないといった子どもたちが保護者と一緒に訪れます。

すぐにカッとなって手が出る、気持ちをうまく伝えられない、忘れ物ばかりする、授業に集中できない、嘘をつく、自尊心が低い、まわりを見て行動ができない、漢字が覚えられない、計算が苦手……こんな内容が相談として多く挙がってきます。

これらは、私が知る「非行少年の子ども時代の特徴」と非常によく似ていたのです。彼らのなかには学力的にかなり厳しい子どももいました（私は、「クラスで、下から5人の子どもたち」という表現をしています）。

もちろん、こういった子どもたちがみんな非行少年になるというわけではありません。ただ、正しい理解と適切なサポートがないと、そのリスクが高くなることは否定できません。

多くの学校では、これらの特徴を持った子どものほとんどが気づかれていないままで放っておかれている可能性があります。そして**問題なのは、「生きづらい子ども」に対して「本人にやる気がない」「なまけている」など、本人が悪いと大人が理解している場合があること**なのです。

「生きづらい子ども」「困っている子ども」は、大人に助けを求めています。しかし、そのサインは「不適切」に見えることも多く、なかなか「助けを求めている」ようには見えません。いつもうまくいかない子どもたちの「サイン」に、まず大人たちが気づくことが必要なのです。

私は、子どもの特徴やその課題を知り、必要な手助けができるか否かで子どもの将来が分かれると考えています。

このことは、「ぼくは馬鹿には自信があるから、参加させてほしい」と言って、少年院で行なっていたコグトレ（チャプター5で紹介するトレーニング）の時間を楽しみにしていた非行少年たちが教えてくれました。〝賢くなる〟〝いい人間になる〟ことを望んでいない子どもはいないのです。

大きくなるほど「生きづらさ」は増していく

生きづらさのサインが見逃されたまま子どもが中学生になってしまうと、どんなことが起こるでしょうか。小学校ではストレスを溜めながらもなんとかまわりの大人に支えられて卒業できますが、中学に入ると状況が一変します。

それが「中1ギャップ」と言われる環境の変化です。中学生になると、思春期に入って不安定になるだけでなく、定期テスト、先輩・後輩、クラブ活動、異性との関係などそれまでの環境と大きく変わり、子どもにとっては大きなストレスがかかります。

通常、子どもは、親に依存しつつも反発する……を繰り返しながら、親からしっかりと受け止めてもらい、次第に安定していきます。

しかし、生きづらい子どもはそういった環境にひとりで対応していくのがとても難しく、大きなストレスを感じ始めます。

そのため、学校に行けなくなったり、学校に行ったとしても、教師に暴力を振るう・物を壊す・不良仲間とつるむ・夜間徘徊《はいかい》する・タバコを吸う・自転車を盗むなど、いわゆる「問題行動」を起こしたりすることがあります。さらに警察に補導されたり、犯罪行為を起こして逮捕されたりしてしまうケースもあります。

このため、できれば小さな頃から子どもの「生きづらさ」のサインをキャッチしてあげることがカギとなってきます。また、中学生になってからの「問題行動」、それは「生きづらいサイン」なのだと気づいてあげることが大切なのです。

さらに、学校教育が終わり、大人になってしまうと、彼・彼女らが「困っていたこと」は完全に忘れられてしまいます。

困難を抱えたまま社会に出ると、厳しい現実にさらされます。仕事でミスが目立つ、職場での人間関係がうまくいかない……などで職場を転々としたり、引きこもったり、うつ病になったり、最悪の場合、刑務所に入ったりすることもあるのです（チャプター3ではそういった「忘れられた人々」のことを紹介します）。

しかし罪を犯し、少年院に入ることになってしまった少年たちも、最初から悪い子どもではありませんでした。家庭で、学校で、地域で、幼少期から「困っているサイン」を出し続けていたのに、見落とされてしまったことが原因になっていたのです。

子どもの問題は親のせいではない

本書ではそういった生きづらい子どもたちが大人にどんなサポートを求めていたのか？「困っている子ども」が目の前にいたら、どうすればいいのか？　具体的な方法を伝えていきます。

「生きづらい子ども」だった少年たちの声は「大人として、親として子どもに何ができる

Q&A 教えて！宮口先生

Q1　子どもが不器用で、生活上で「困っている」ように見えます。どこに相談すればよいの？

A　「うちの子は、不器用かもしれない……」と感じたら、まずは学校の先生に相談してみましょう。もしこれまでも同じような子がいて、うまく対応できた経験が先生にあるようでしたら、適切な方法を教えてくれるはずです。もし納得がいかない、不安が残る対応の場合は、発達を専門にしている児童精神科医、小児科医を探してみましょう。

か」、つまり未来の子どもたちから私たち大人へのメッセージだと受けとって読んでください。

いま、気になっている子どもの問題は、保護者のせいではありません。

困っている行動にはさまざまな要素が隠れています。そして、親である大人だって子どものことを心配し、心を痛め、「困っている」はずです。子どもの問題は、「親の子育ての問題」「愛情不足」などと言われる風潮もありますが、それは「困っている」親を追い詰め、不安にさせるだけでなんの解決にもならないばかりか、問題を深刻化させるだけだと考えます。

しかし、一方で、**いま「生きづらい」「困っている」子どものサインに気づき、子どもを守ってあげられるのは、まわりにいる大人しかできません。**

「うちの子どもは問題行動ばかり起こして、もう手遅れだ……」と嘆く必要はありません。「問題行動」を何かのサインと気づき、この本を手にとっているのですから、まだまだやり直すことができます。

一緒にあなたの子ども、そしてあなたの近くにいる子どもの「困っていること」を探し出し、解決していきましょう。

CHAPTER 1のまとめ

☑ 子どもの生きづらさは、小学生になる頃から顕在化してくる。

☑ 少年院にいるのは、「凶暴な荒くれ者」ではなく、「不器用で生きづらい子」たちだった。

☑ 小学校、中学校、社会人になるに従い、生きづらさは増し、強いストレスを感じるようになる。

☑ 子どもが幼いうちに「困っている」サインに気づき、サポートしてあげるべき。

CHAPTER 2

生きづらい子どもに見られる3つの不器用さ

生きづらい子どもに共通した「3つの特徴」について考える

ここでは、「生きづらい」「困っている」ことの本質となる「本人の特性」について説明します。まず少年院で出会ってきた「生きづらかった少年たち」の実態、そして学校で生きづらい子どものケースを取り上げ、「困っている子ども」の実態を明らかにしていきます。

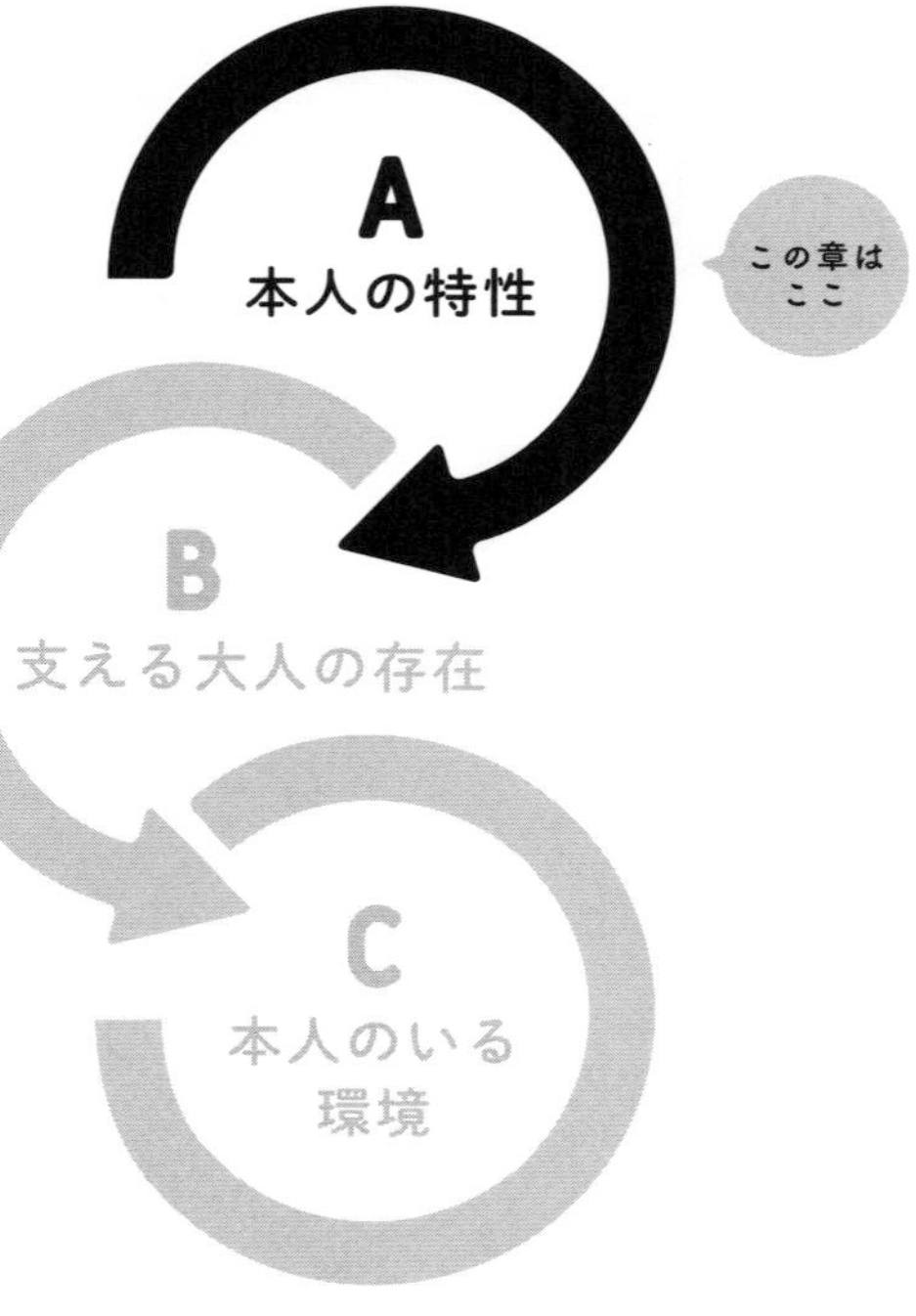
A
本人の特性
この章はここ
B
支える大人の存在
C
本人のいる環境

お子さんのいまの状態を確認してみましょう

あなたのお子さんに（もしくは気になる子どもに）当てはまる項目に☑してみましょう。

- □見たり、聞いたり、想像したりする力が弱い
- □感情をコントロールするのが苦手。すぐにキレる
- □人の気持ちがわからずトラブルになる
- □なんでも思いつきでやってしまう。予想外のことに弱い
- □自分の問題点がわからない
- □人とのコミュニケーションが苦手
- □力の加減ができない、身体の使い方が不器用

困っている子どもたちは、「勉強」と「人と話すこと」が苦手

九州と中国を間違えてしまうことも

チャプター1でも述べましたが、私は少年院に赴任したての頃、少年たちに「学力以前の考える力」が備わっていないことに驚きを覚えました。

特に大きな驚きだったのが、中学生・高校生の年齢にもかかわらず、

- **簡単な計算（足し算や九九）ができない**
- **漢字が読めない**
- **簡単な図形を写せない**
- **他人の話がなかなか通じない**

といった困難を抱える少年が大勢いたことでした。

彼らは見る力、聞く力、見えないものを想像する力がとても弱く、そのために人が話していることを聞き間違えたり、まわりの状況が読めなくて対人関係で失敗したり、被害者的になったりしていたのです。その失敗の積み重ねが「生きづらさ」につながり、非行に走る原因となったと考えられます。

たとえば、「どこから来たの？」と出身地を日本地図上で示すように言ってもわからなかったり、九州を指さして「これは何？」と聞くと、「中国です」と答えたり、日本地図の中に「こんかく」（韓国の覚え違い）や「ブラジル」と書き込んだ少年もいました。

さらに知識の面だけでなく感情面や身体面でも、同年代の一般の少年たちと比べても想像できないくらいの「不器用さ」を持っていました。

少年たちに「苦手なことは？」と聞くと、みな口をそろえて「勉強」「人と話すこと」と答えたほどです。

見る力や聞く力の弱さが、被害者意識につながる

少年たちと面接すると、たとえば、傷害事件で相手をボコボコにしたきっかけとして「相手がにらんできたから」という理由をよく聞きました。少年院生活の中でも、

ほかの少年に対して、「あいつ、僕の顔をジーッと見て笑うんです」「すれ違うとき、いつもにらんでくる」という話もしょっちゅう聞きました。

そこでトラブルになったりするのですが、相手の少年に確かめてみると、「その人のことは知らないし、見たこともありません」「何のことかまったくわからないんですけど……」といった反応がありました。

そこで気づいたのが、**彼らは見る力が弱いため、「相手がにらんでいる」「自分のことを笑っているように見える」ように感じて、被害者意識を強めている**ということでした。

これは見る力の問題だけではありません。聞く力が弱い場合も、誰かの独り言を聞いて、「俺の悪口を言っている」といった誤解につながってしまうのです。

●ケーキが切れない、立体図が描けない非行少年たち

さらにいろいろと調べていくと、驚くべき事実が発覚しました。

その1つが、「ケーキが等分に切れない」ことです。

ある日の診察時、机の上に置いたA4の紙に丸い円を描いて、「ここに丸いケーキがあります。3人で食べるとき、平等になるように切ってください」という問題を少

ケーキを3等分できない

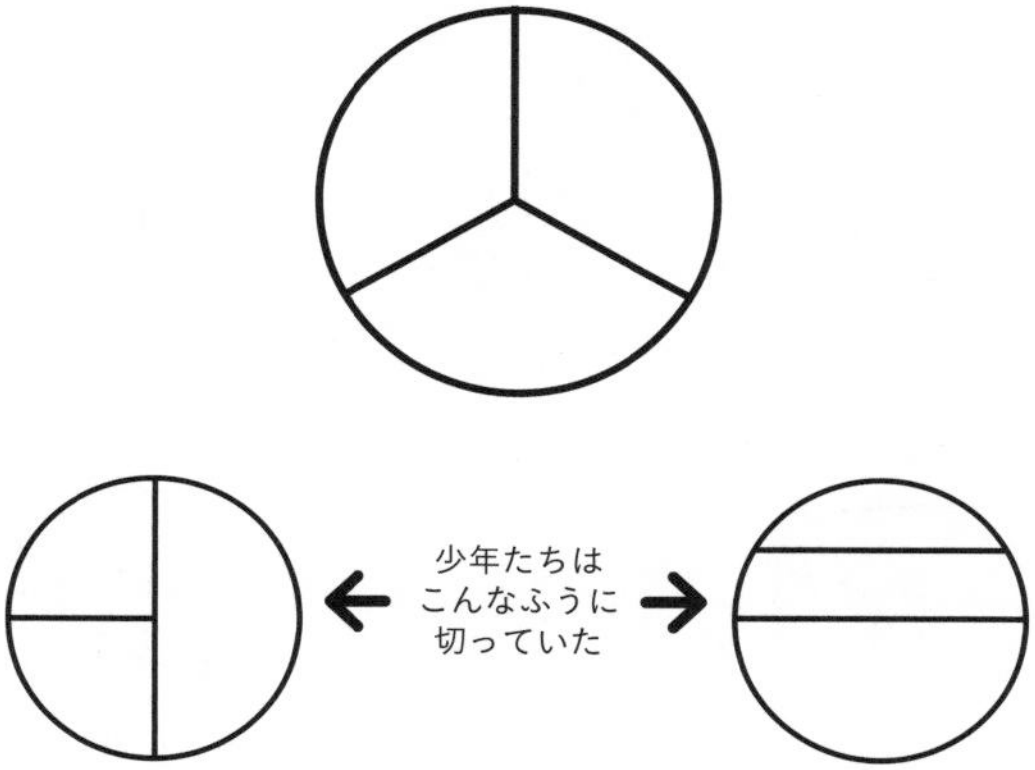

年たちに出してみました。

すると、かなりの割合の少年たちが、まず縦に半分に切ってしまい、メルセデスベンツのエンブレムのような切り方がどうしてもできなかったのです（詳しくは拙著『ケーキの切れない非行少年たち』（新潮社）をご参照ください）。

また、50ページのような立体図を模写（上の見本を写す）をさせてみました。すると、下の図のようにしか描けない少年たちも決して少なくはありませんでした。

この立体図はだいたい7～9歳くらいで描けるようになるので、小学校低学年で正確に描けなくてもそこまで心配しなくてもよいのですが、もし高学年になっても描けなければ、要支援ということになります。

立体図を模写させると「ゆがんで見えている」ことがわかる

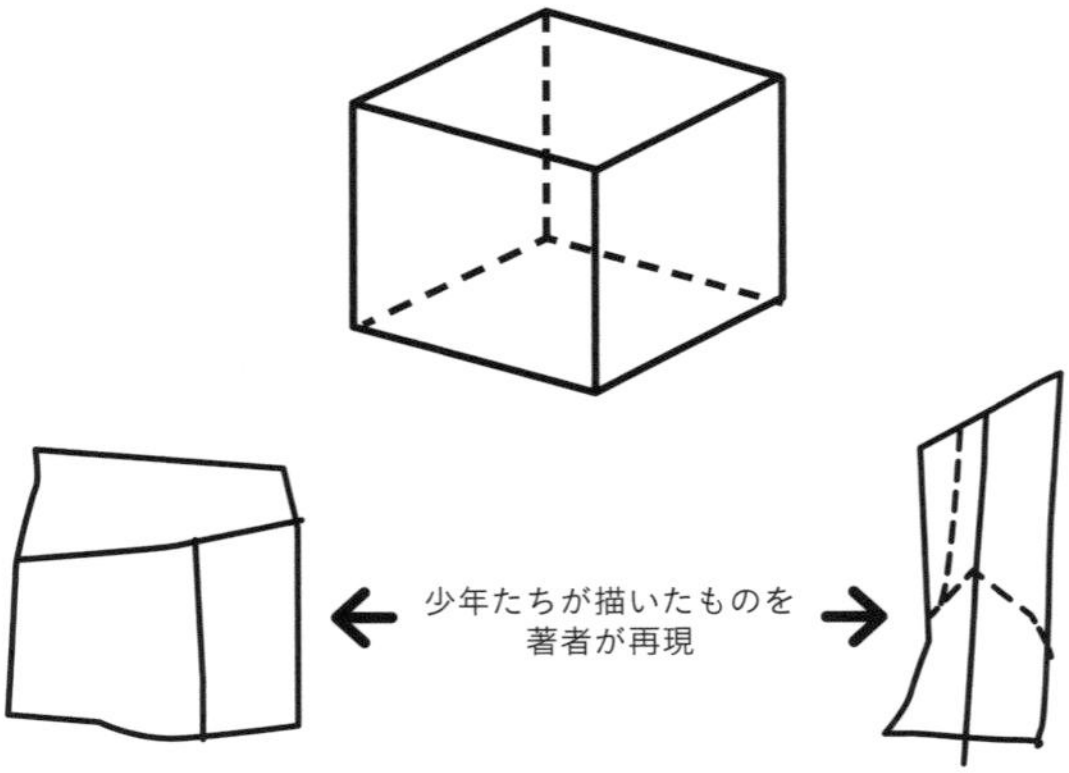

それはそれで支援が必要ですが、ここで問題になるのは別の話です。

こういった立体図を描いているのが、実は世間を震え上がらせるような凶悪犯罪(放火、殺人、連続強制性交など)を起こしている中学生・高校生の非行少年たちなのです。**こんな簡単なことができない少年たちが、これまでどれだけ多くの挫折を経験してきたか、どれだけ生きづらく困ってきたかに、私たち大人は目を向ける必要があります。**

そして生きづらい少年たちが最終的に行き着いた少年院で、「非行の反省をしろ」「被害者の気持ちを考えろ」と厳しく指導されることにどれだけ意味があったのかを考えなければなりません。

もちろん非行の反省は大切ですが、その前にこの立体図を描ける力をつけさせて、認知のゆがみを正すことのほうが先なのではないか……と感じずにはいられませんでした。

問題点を感じ、すぐに少年院の幹部を含む教官たちにケーキの分割図や立体図などを見せたところ、「いくら説教しても理解できないわけだ……」と非常に驚かれ、ようやく状況を理解してもらえました。

家庭でも学校でも、何度注意しても子どもの行為が改善されなければ大人はだんだん子どものことを許せなくなり、最後には遠ざけてしまいます。

しかし、もしかしたら、**子ども本人にとっても、なぜ自分の行動が問題行動ととらえられてしまうのか、さっぱりわからないのかもしれない**のです。

立体図を描けない子どもに難しい漢字を書かせたり、計算を解くことを強いたりしても、まったく手が出ずますます自信をなくすだけなのです。基本的な図形を正確に模写できる認知力をつけさせてからでないと、通常の学習につながりません。

現在の学校教育では、こういった支援がまったく欠如していると言っても過言ではないでしょう。

生きづらい子どもには「3つの特徴」がある

困っている子どもの「問題行動」の正体

子どもからの「生きづらい」サインは、次のように分類できます。これら「3つの特徴」を詳しく説明していきます。

1 認知力の弱さ（学習面）……認知機能の問題。見たり、聞いたり、想像することが苦手で、そもそも教育を受ける土台が弱い。勉強が苦手。

2 対人力の弱さ（対人面）……感情の問題（人の気持ちがわからない、すぐにキレる）、自己評価の問題（自分の問題点がわからない）、会話力の問題（基本的な人との接し方が苦手）、柔軟さの問題（融通が利かない、予想外のことに弱い）。

3 身体力の弱さ（身体面）……身体の使い方の問題（運動音痴、手先が不器用など）。

生きづらい子どもの3つの特徴

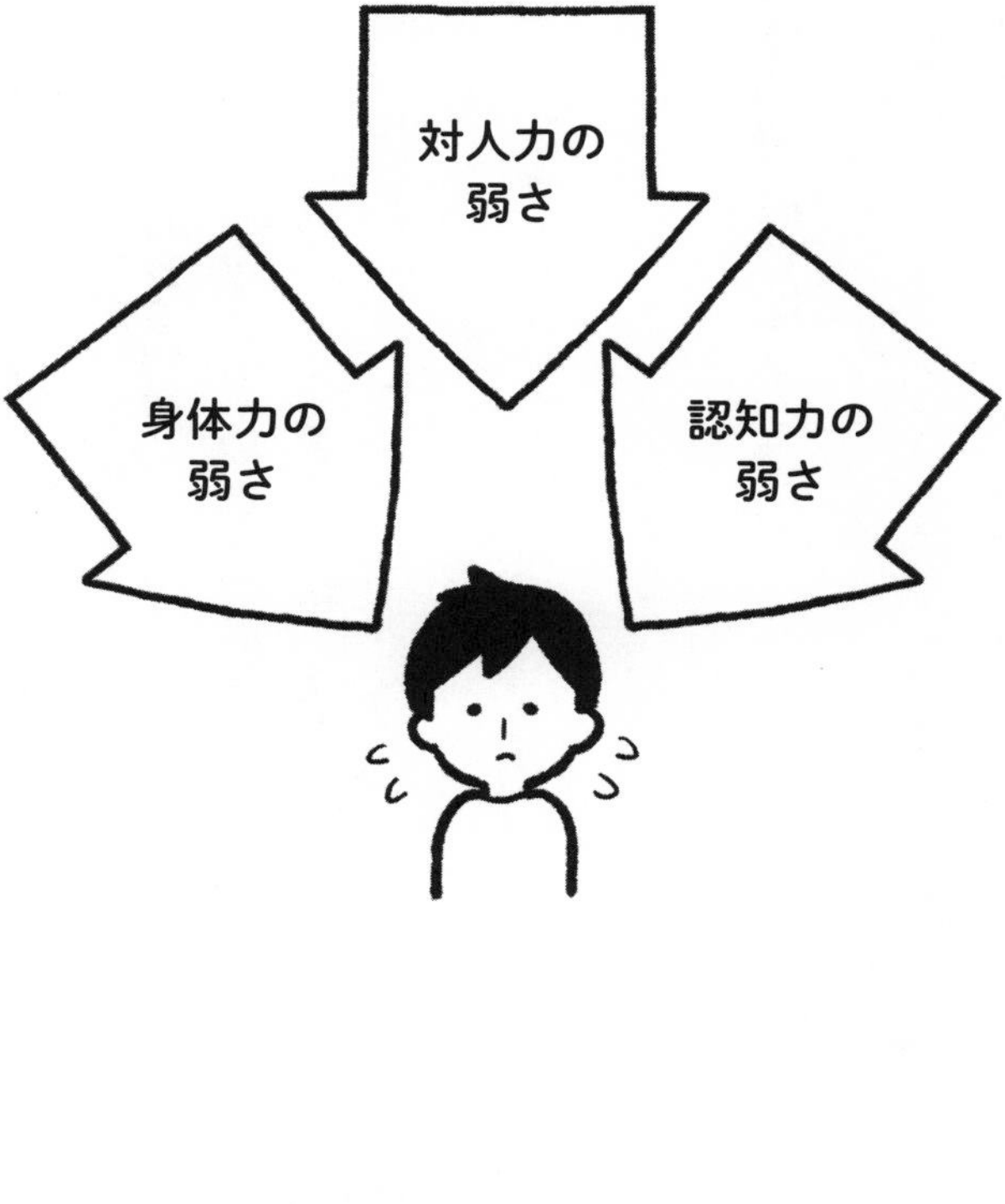

1 認知力の弱さ

「認知力の弱さ」に見られる特徴

・見る力、聞く力、想像する力が弱く、勉強が苦手
・何度注意しても理解が深まらない、積み重ねができない
・周囲を見て適切な行動がとれない
・不注意なことが多い、嘘やごまかしが多い
・目標が定められず努力できない　など

そもそも認知機能とは？

認知機能とは、記憶、知覚、注意、言語理解、判断・推論といったいくつかの要素が含まれた知的機能を指します。人は五感（見る、聞く、触れる、嗅《か》ぐ、味わう）を通して外部から情報を得ます。そして得た情報を整理し、それらをもとに計画を立て

五感からきちんと情報が入った場合

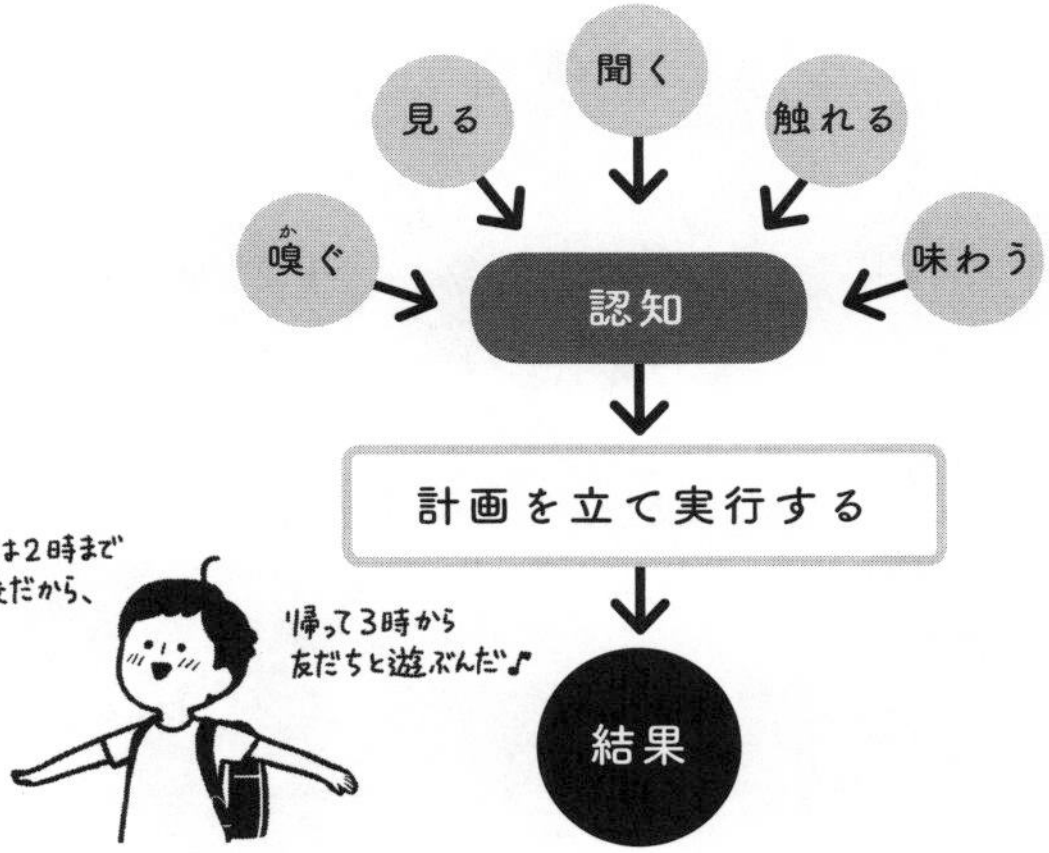

て実行し、さまざまな結果を作り出していくのです。

つまり認知機能は、すべての行動の基盤でもあり、教育・支援を受ける土台と言えるでしょう。

しかし、もし五感から入った情報がゆがんでいたり、情報の一部しか受け取れなかったりしたとしたら、どうなるでしょうか……？

現在の学校教育では、子どもたちはほとんどが「見る力」や「聞く力」を使って教育を受けています。これらの力が不足していたら、大人が伝えたいことが正確に子どもに伝わらず、きちんとした「教育」を受けたことにはなりません。

ゆがんだ認知機能をもとに情報処理し

五感の情報がゆがんでいた場合

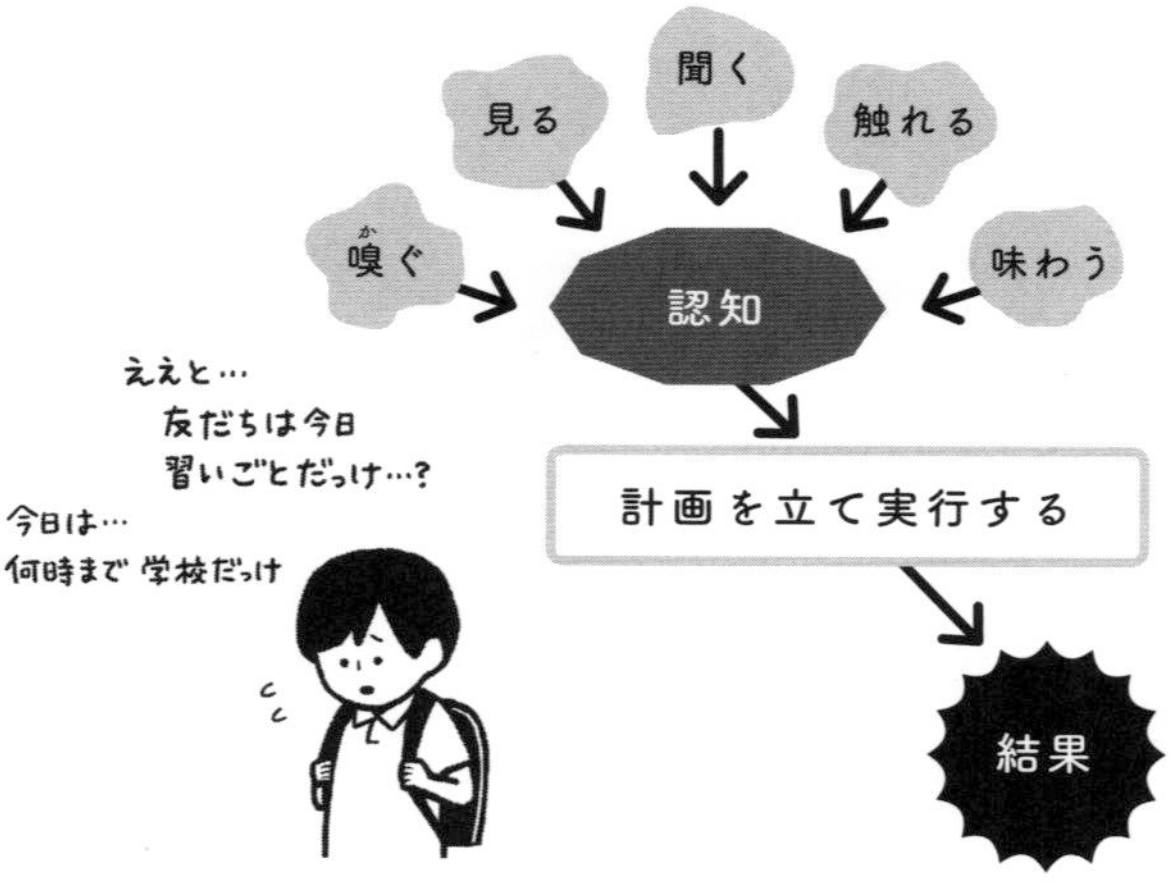
見る
聞く
触れる
嗅《か》ぐ
味わう
認知
計画を立て実行する
結果
ええと…
友だちは今日
習いごとだっけ…？
今日は…
何時まで学校だっけ

てしまえば、どんなにがんばっても芳《かんば》しい結果は得られないばかりか、正しい方向には進めません。

この認知機能の弱さが、「不適切な行動」や「子どもの生きづらさ」を引き起こすのではないかと思うのです。

ここで私が強調したいのは、もし**子どもの生きにくさの原因が「見る力」「聞く力」の弱さなどにあるならば、トレーニングで改善できる可能性がある**ということです。

トレーニングをすることで、少しでも「生きやすくなる」可能性があるなら、そのサポートをしてあげるのが大人の役割ではないでしょうか。

「聞く力」が弱いA君のケース

ここから、実際のケースを見ながら考えていきましょう。

ケース1 「授業中ボーッとしている」

A君は小学4年生。テストの点はよいのに授業中ボーッとしてしまうことがあります。先生が指示を出してもA君だけ何もせずにボーッとしたり、違うことをしていたりします。注意すると、「そんなこと言われていない」と嘘をついたりします。先生が黒板に書いたことを、ノートに写さないこともよくあります。

A君が先生の指示を聞いていないのは、「サボりたいから」でしょうか？

しかし実は、A君は認知機能のうち「聞く力」が弱く、先生からの指示を聞き取れていなかった可能性があります。たとえば「数学の教科書を開いて28ページの問題の3番をやりなさい」と先生が指示をしても、聞く力が弱ければ、28ページを開けた先のことがわからなくてボーッとしたり、まわりをキョロキョロ見回したり、間違って問題の1番からやったりしてしまうなど、不真面目な子に見えるかもしれません。

何か注意されると、「はい。わかりました」と素直に聞くのに、しばらくするとまた同じことをして注意される子どももいます。このような子どもは、聞く力の弱さから相手が話している言葉がうまく聞き取れず、聞き返す恥ずかしさがあったり、その場の雰囲気に合わせたりして、とりあえず「はい」と答えてしまうのです。それが大人にとっては、「嘘をついている」と感じられることがあります。

しかし私たち大人だって、外国人に英語で話しかけられて聞き取れなかったときに、とりあえず「イエス、イエス」と答えてしまうことはないでしょうか。

このケースで注意すべきは、A君が何に対してでも「はい」と答えている可能性があることです。

こういう場合には、「では、どういうこと?」と聞き返してみると、正確には答えられないばかりか、まったく違った内容を答えることがあります。

実際は、先生の言っていることが聞き取れていない、理解できていないのに、先生に怒られるのが嫌で、「わかったふりをしてしまう」のです。

このためまわりからは、「ふざけている」「いいかげん」「やる気がない」「嘘つき」と誤解されてしまうこともあります。

さらに、「見る力」が弱ければ、文字や行の読み飛ばしが多い、漢字が覚えられない、黒板が写せない（先生が次々に書いていくと、どこを追加したかわからないからノートに写せない）といった学習面の弱さが生じます。途中からついていけなくなり、「ボーッとしてしまう」ことも考えられるのです。

もし認知機能全体が弱ければ？

次は、勉強が苦手なケースを紹介します。

ケース2 「授業の内容を理解できず、学習が遅れがち」

Bさんは小学3年生。とても真面目で勉強もがんばっていますが、どうしてもテストでは点数が取れません。両親も塾に行かせたほうがいいのか悩んでいます。まだ九九も覚えられておらず、文章問題も苦手で、算数の授業を理解できていないようです。漢字も、何度も練習してもなかなか覚えられません。そのためか、最近、少し元気がなくなってきました。

いま、私が行なっている学習相談に来られるのは、ほとんどがこういったケースです。「やる気はあるけど、どうしてもテストの点が取れない」「学校の先生も気にかけてくれているけど、ほかの子に比べてどんどんと遅れていく」「どうしたらいいのかわからない」といった内容です。

こういったケースの多くは、「認知機能全体の弱さ」から来ている可能性があるのです。悲しいことに、学校で先生に気づいてもらえることはほとんどありません。

認知機能の弱さで、なぜ勉強が苦手になるのでしょうか？

たとえば、授業中に先生が口頭で次のような問題を出したとします。

「タロウさんは10個のアメを持っていました。４個あげると、タロウさんのアメは何個になるでしょうか？」

これに答えるには、まず先生の話に注意を向ける必要があります。外を見ていたり、ノートにお絵描きをしていたり、居眠りしたりしていては、問題が出されたこと自体に気がつきません。先生に注意を向けたとしても、先生の話したことをしっかり聞き取って知覚し、個数を忘れないように記憶しなければ計算はできません。

次に、暗算する際には、ほかに考えごとなどをせずに、注意・集中する必要があります。好きなゲームのことを考えていては、暗算ができません。

さらに、先生の話した問題の言語理解も必要です。いまの問題では、A、Bの2通りの解釈ができるからです。

A「タロウさんは、誰かに4個のアメをあげたのか？」

B「タロウさんは、誰かから4個のアメをもらったのか？」

このため、先生はどちらを意図しているのか判断・推論する必要があります。

このように、先生が出した問題を解くためには、認知機能のすべての力が必要なのです。もしその中の1つでも「弱さ」があれば問題を解くことができません。

認知機能は学習に必須の働き（次ページ図）であり、学習につまずきを抱える子どもは認知機能の働きのどこか、または複数に弱さを持っている可能性があるのです。

では、「認知機能全体が弱い子ども」とは、どんな子どもを指すのでしょうか？

ここには**「境界知能」**や**「軽度知的障害」**などに相当する子どもも含まれます。こういった子どもは約16％いると言われており、35名のクラスなら5～6名程度いる計算にな

学習は認知機能が土台になる

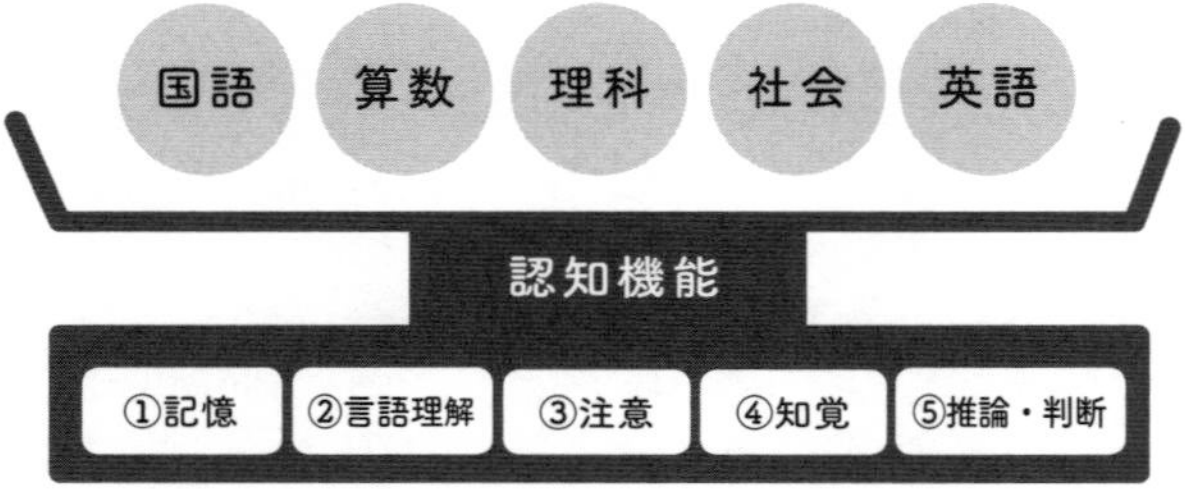

コグトレ塾ホームページ（ https://cogtorejuku.jp/ ）より引用

ります。

しかし、特に境界知能（健常児の7〜8割くらいの発達レベル。チャプター3で解説）の子どもは学校でもほとんど気づかれることがなく、単に「やっかいな子ども」と見えてしまうのです。

「努力」や「反省」ができないのは、想像力が弱いせい

これら認知機能の弱さが影響するのは勉強だけではありません。

たとえば、認知機能の1つである「想像する力（推論）」が欠けたらどうなるでしょうか。

見えないものを想像する力の中でとて

も大切なものに、「時間の概念」があります。

時間の概念が弱い子どもは、「昨日・今日・明日」の3日間の世界くらいしか想像できず、場合によっては数分先のことすら想像できない子もいます。

いまから半世紀ほど前、アメリカ、スタンフォード大学で心理学者ウォルター・ミシェルによって「マシュマロ・テスト」という実験が行なわれました。

4歳の子どもの目の前に1個のマシュマロが置かれ、「目の前にある1個のマシュマロを15分間食べるのを我慢できれば、もう1つあげる」と告げられます。子どもはそのあと部屋に置いていかれます。

研究者は「マシュマロを食べるのを我慢できた子」と「我慢できなかった子」のその後を、半世紀にわたって追跡調査しました。

その結果、「マシュマロ・テスト」で我慢できた子どもは社会的に成功したということがわかりました。つまり、「いまこれを我慢すれば、もっといいことがある」と想像できたのでしょう。

もし認知機能が弱く、想像力や時間の感覚も弱ければ、

「いま我慢したら、もっといいことがある」
「1カ月後の部活の試合や定期試験に向けてがんばる」
「将来、○○になりたいからがんばろう!」

といった具体的な目標を立てるのが難しくなります。目標が立てられないと、人は努力できなくなります。努力できないと、成功体験がないため、いつまでも自信が持てず、自尊心が低いままになります。

さらに認知機能が弱いと、いろいろ学んでも積み重ねができません。つまり今日はここまで学んだから、今度はここからと思っても、次に学ぶときにはまた「ゼロ」に戻ってスタート……など、教育が空回りしてしまうことがあるのです。

実際に非行少年の中にも、被害者の手記を読ませたときに、「この被害者は何を言っているのか、難しすぎてわかりません」と答えたり、わかったと答えても「まったく異なる理解をしている」といった例が多々見られました。

決してふざけているわけではないとは理解できましたが、一方で、こういう少年たちにどんな教育を施せばいいのか、教官たちもずいぶん悩まされたのです。

学校や家庭でも、何度も注意しているのに、「わかった」「ごめんなさい」を繰り返すだけで、同じ間違いを繰り返す子どもがいるのではないでしょうか。

矯正《きょうせい》教育といった特殊な環境においてだけでなく、学校教育や家庭でも、子どもたちの発達レベルに応じた「見る力」や「聞く力」といった、もっと根本的なところから教育していく必要があると考えます。

悪いことをして反省させる前に、子どもが「そもそも何が悪かったのかを理解できる力があるのか？」「これからどうしたらいいのかを考える力があるのか？」を確かめ、もしその力が弱いなら本人の認知の力を向上させることが、何より先決です。

さらに認知機能は学習面だけでなく、人に興味を向ける、人の気持ちを考える、人と会話をするなどのコミュニケーション力や、自分で考えて行動する、さまざまな困った問題に対処するなどの「問題解決力」といった、子どもの学校生活にとって欠かせない力でもあります。

認知機能の弱さは、学習のつまずき、対人スキルのとぼしさにつながるのです。

2 対人力の弱さ

「対人力の弱さ」に見られる特徴

・人の気持ちがわからない、すぐにキレる
・相手を不快にさせてしまう
・自分の問題点がわからない
・他人の欠点ばかり責める
・嫌なことを断れない、流されてしまう
・1つのことを考えるとまわりが見えなくなる
・予想外のことに弱い　など

大人でもつまずきの多い対人関係

子どもたちが最もストレスを感じることの1つに「対人関係のトラブル」が挙げられます。

それは私たち大人でも同様でしょう。対人関係がうまくいかないと学校生活や日常生活でのトラブルになり、子どもの生きづらさにつながっていきます。

そこで必要なのが、対人関係をうまく運ぶための「対人力」です。

対人力とは「コミュニケーション力」とも言えるでしょう。ここで言うコミュニケーション力とは、言葉以外にも視線の向け方や相手との距離の取り方、相手の気持ちを理解する力、他者とのトラブルを解決する力、なども含まれます。生きづらさを感じている子どもたちはここがうまくいかず、ストレスとなることが多いようです。

対人関係が苦手な子どもには、まず対人力（コミュニケーション力）をつけさせることが必要になってきます。しかし、これは決して容易なことではありません。

そもそも私たち大人でも、コミュニケーション力に自信がある人はどのくらいいるでしょうか？　コミュニケーション力というのは、たとえば40歳の人なら40年間の人生のたまものなのです。そう簡単に向上するものではありません。それをせいぜい生まれて10年くらいの子どもの人生で身につけるのは、きわめて難しいのです。

では、どうすればいいでしょうか?

その前に、「対人力の弱さ」をよく知るために、いくつかに分けて考えてみます。

感情の問題

相手の気持ちが理解できず、相手を不快にさせてしまう

自分の感情がコントロールできず、すぐキレてしまう

自己評価の問題

自分のことがよくわからない

会話力の問題

基本的な会話のマナーがわからない

友だちが何を話しているのかわからない、冗談がわからない

嫌なことを断れない、まわりに流されてしまう

柔軟さの問題

融通が利かない、予想外のことに弱い

これらの背景には、発達の問題が大きく絡んでいます。

つまり、**見る力や聞く力、想像する力といった認知機能が弱いと、相手の表情や不快感が読めない、その場の雰囲気が読めない、相手の話を聞き取れない、話の背景が理解できず会話についていけない、会話が続かない、行動した先のことが予想できないといった問題が起こります。**

こういったことが原因となり、さらに、うまくコミュニケーションがとれない、友だちがなかなかできない、友だちに不快な思いをさせいじめ被害にあう、悪友の言いなりになる（万引きなどを行なう）、といった不適切な行動につながる可能性が生じるのです。

それぞれの問題について、ケースを通して見ていきましょう。

「人の気持ちの理解」と「感情のコントロール」が苦手

感情面では、「人の気持ちを理解するのが苦手なこと」「自分の気持ちをコントロールするのが苦手なこと」の大きく2つの問題が見られます。

まず人の気持ちを理解できないケースです。

ケース3 「人の気持ちを理解できず、トラブルになる」

D君は、小さい頃から大切に飼っていた犬が車にひかれて死んでしまいました。兄弟のいないD君にとって犬は大切な存在で、すっかり落ち込んでいました。そこにC君がニコニコしながら近づいてきました。

C君「犬が死んだって？　また買えばいいんじゃない？　同じような犬がペットショップで売ってたよ」

D君はムッとして何も言えませんでしたが、C君は「いいことを教えてあげた、D君も喜んだかな」と思って嬉しくなりました。

人の気持ちを理解するための3つのレベル

こういったケースの背景にはどんなことが考えられるでしょうか。きっとC君には「もっと相手の気持ちを考えなさい」と指導したくなると思います。しかし子どもは、どの程度まで相手の気持ちを考えることができればいいのでしょうか？

ここで「人の気持ちを考える」とはいったいどういうことか整理しておきましょう。C君がD君の気持ちがわかるレベルには大きく次の3つのレベルがあります。

①D君の悲しそうな表情が読める、D君の表情に気がつく（関心が持てる）……単にD君の表情を見て「あ、D君、悲しんでいる」とわかる・気づく。

②D君の立場に立てる……「大事にしていた犬が死んだのだから、きっと悲しい気持ちだろうな」とD君の表情以外の情報や状況を考えて、D君の気持ちを察する。

③D君に共感できる……「D君は兄弟がいなかったから、犬を弟のように可愛がっていたな。ひょっとして仲のよかった弟が死んだくらい辛いのでは？」など、本人の置かれた状況の背景まで想像してD君の気持ちを理解する。

「人の気持ちがわかる」ためにも、どのレベルでつまずいているかをはっきり知っておいたほうがいいでしょう。C君の場合、そもそもD君が悲しそうな顔をしていることにも気づいていないため、①に問題があるかもしれません。

もし①ができていなければ、「表情認知」に問題がありそうです。相手の表情を認知するためには、「表情自体を読みとること」と「相手の表情に注意を向けられること」の2つが必要です。表情を読みとる練習は、「チャプター5」で紹介していますが、表情カードを利用して、表情とそれ以外のサインについて学んでいきます。

しかし**表情をいくら正確に言えたとしても、そもそも相手に注意が向いていなければ表情にも気がつかないので、相手に注意を向ける練習も必要になります。**これには、誰かと話すときは、相手と適切な距離に近づく、相手のほうに身体・顔を向ける、相手の目を見るなどに気をつけさせることが大切です。

②に達するには、ある程度の道徳的な発達が必要です。これは、さまざまな体験を通して身につけていくことでもあり、時間もかかります。少しでも多くの体験をさせて他人の気持ちを考える機会を増やしてあげましょう。③はなかなかレベルが高いので、成長の先にあるのだと考えておきましょう。

また①の表情認知に問題がある場合、「視覚認知」に問題がないかにも注意を払う必要があります。

たとえば、図形の模写をさせてもまったく違う図形を描いてしまうようであれば、「見ているものが、その通り見えていない」かもしれません。このような場合は、表情よりも前にもっと基本的な視覚認知のトレーニング（チャプター5の「観察力」トレーニングを参照）をする必要がありそうです。

次は、自分の感情をコントロールできないケースを紹介します。

ケース4 「すぐにキレてしまう」

みんな静かに、授業で課題に取り組んでいます。そこでFさんがE君に言いました。

「E君、それ、間違ってるよ」

Fさんは親切心で教えてあげたつもりでした。しかし、E君はいきなり怒り始めました。

E君「何？　間違ってないよ」

Fさん「でもさっき先生が言ってたよ」

E君「なんだよ！」

E君は急に立ち上がり机を蹴飛ばしました。みんなは驚いてE君を見ました。

●「怒り」の背景には「自信のなさ」が

キレやすい子はよく問題とされますが、何が背景にあるのでしょうか？

キレる直接の原因には「怒り」があります。そして、「馬鹿にされた」「自分の思い通りにならない」と感じたことが、怒りの原因となっていることがほとんどです。

E君の場合も、Fさんから「間違いを指摘された＝馬鹿にされた」と感じたようです。逆に、「Fさん、ありがとう」とお礼を言う子もいるでしょう（次ページ参照）。

なぜ、E君は「馬鹿にされた」と感じたのか？　それはE君の「自信のなさ」に原因が隠れている可能性があります。

自信が持てない背景には、対人関係がうまくいかない、勉強ができない、じっとしていられず先生からよく注意される、忘れ物が多くよく叱られる、運動ができないなどがあり、そしてその原因は、発達の課題を抱える「生きづらく、困っている子ども」である可能性があるのです。

E君はいつも失敗ばかりしていて自信がなく、「俺ってダメだ、みんな俺のことを馬鹿にしているに違いない……」と被害者意識が強くなっていたのです。

自信がないと受け取り方が変わる

それ間違っている よ
そうか！ありがとう
馬鹿にしやがって
自信がある子
自信がない子

このケースでも、Fさんは親切で教えてあげたのに、E君は「できなかった俺のことを、心の中では馬鹿にしてるんだろう」と感じたのでした。

これまでうまくいかなかった自分への自信のなさは、本人の中ではずっと積み重なっています。

外から見たら些細な出来事(刺激)も、本人にとっては、過去の失敗と容易に結びつき、その出来事自体が本人の安心感をも奪うことになります。

安心感が奪われるとき、人は「戦う」「逃げる」「固まる」のいずれかの反応があると言われますが、怒りの場合はまさに、「自信のない自分を脅かす敵と戦っている」状態なのです。

強い固定観念からの「怒り」もある

怒りのもう1つの背景として、「自分の思い通りにならない」といったものがあります。これは「相手への要求が強い」「固定観念が強い」といったことが根底にあります。

相手に「こうしてほしい」といった要求の強さや、「僕は正しい」「こうあるべきだ」といった強い自己愛と固定観念が根底にあるのです。

相手はいつも自分の思い通りには動いてくれません。そこで馬鹿にされたという気持ちや尊重されなかったという気持ちが生じ、それが「怒り」となって、うまく処理できないと突然キレたりするのです。

ゆがんだ自己評価はなぜ生じる？

「もっと自分自身のことを理解してくれたらいいのに」と感じられる子どもはいませんか？　次は、自分自身のことがよくわかっていないケースを紹介します。

ケース5 「自分がされると嫌なことを、人にしても平気な顔」

G君は自分がされると怒るのに、人には平気で好きなことを言います。
G君「H君、そんなことしたのだから、Fさんに謝れよ！」
すごい剣幕でG君が怒ってます。
H君（G君だっていつもやってるじゃないか……）
G君「先生、I君がふざけてます」
I君（G君だって、いつもふざけているくせに……）
先生もH君やI君と同じように感じています。

他者は自分を知るための鏡になる

このケースのG君は、自分のことが客観的に見られていないようです。このように、自分の姿が見えず自己への適切な評価ができないために、自分の問題点がわからないことがあります。

ではなぜG君は適切に自己を評価できないのでしょうか？
それは、**「自己評価は他者との関係性の中で育つ」**からです。

人は、「僕と話していると友だちはいつも怒った顔をしている。僕はみんなから嫌われているんだ。僕のどこが悪いのだろう」「みんなはいつも僕に笑顔で接してくれる。僕は人気があるな。きっと僕は好かれている」など、相手から送られてくるさまざまなサインを受けとり、自分にフィードバックすることで「自分はこんな人間かもしれない」と少しずつ自分の姿に気づいていくのです。

つまり、**自分を知るためには、他者とのコミュニケーションを通して、他人から見た自分の姿を自己にフィードバックするという作業を、数多くこなすことが必要**なのです。

ところがもしこちらが相手からのサインに注意を向けない、一部のサインだけを受けとる、ゆがんでサインを受けとる（たとえば、相手が怒っているのに笑っていると受けとったりするなど）とどうなるでしょうか？

当然、自己へのフィードバックもゆがんでしまいます。

つまり、**適切な自己評価には、偏りのない適切な情報収集力が必要なのです。**サインをうまくキャッチするためには、相手の表情を正確に読みとったり、相手の言った言葉を正確に聞きとったりする必要があります。「認知機能」がここでも関係しているのです。

認知機能が弱いと、
相手の感情を間違って受けとってしまう

会話力が足りないと、対等な関係が築けない

ここでは、嫌なことがあっても断れないケースを紹介します。

ケース6「嫌なことを断れない」

J君の家にK君が遊びに来ています。

K君「あ、これ新しいゲームじゃない。すぐに返すから貸してよ」

そのゲームは昨日買ってもらったばかりで、J君はまだ一度も遊んでいません。

J君は内心とても嫌でした。でも断れません。

J君「うん、いいよ」

K君「J君ってやさしいなあ」

K君が帰ったあと、お母さんがJ君に聞きました。

母「昨日買ったゲームはどうしたの?」

J君「K君から貸してって言われたから、貸してあげた」

お母さんは、またJ君が嫌だと断れなかったんだと気づきました。

●対人スキルがとぼしく、対等な関係が結べない

「嫌なことを断れない、すぐにまわりに流されてしまう」といった子どもがいます。そこに共通しているのが、断れなかったときや、流されて言いなりになってしまったとき、「お前ってやさしいな」と友だちからかけられる言葉です。

J君のような子どもに共通しているのは、「友だちの言うことを聞いてあげる」＝「やさしい人間」と思っていることです。その根底には、J君の「対人スキルの弱さ」があります。

たとえばJ君に認知機能の弱さがあると友だちとの会話についていけず、対等な関係が築けません。どうしても仲間から置いていかれたり、場合によってはいじめ被害にあったりします。

そんなJ君は仲間外れにならないように、嫌われないように必死なのです。もし、J君が友だちに気に入られるためにいたずらをしたり、悪いことをして、友だちから「J君って面白いな、すごいな」と言われたりすると、「僕もこうすればみんなから注目されるんだ」と誤って学習してしまいます。

このケースの場合、友だちから「J君はやさしい」と言われれば、それがたとえ自分にとって嫌なことでも、「僕は友だちの役に立った」と救われた気持ちになるので

す。「やさしくていいヤツ」と思われたいために、嫌なことでも引き受けてしまうのです。もっと悪い友だちと付き合うようになると、たとえば「店であれを取ってきて」と言われても、仲間外れにならないために、ためらいながらも万引きをしたりします。嫌なことを断れない「やさしい子」ほど、悪友の言いなりになってしまうのです。非行とまでは行かなくても、強い子どもに合わせることで自身の居場所を見出す場合もあり、本当は自分にとって安心でない状態でも、影響力のある友だちに合わせることで「仮の安心」を得ているのです。

友だちとの間にそのような力関係がないか、注意して見てあげましょう。

柔軟性がないため、選択肢が少なくなる

最後に、融通が利きにくく、臨機応変に対応するのが苦手なケースです。

ケース7 「一度思い込んだら修正ができない」

先生「みなさん、先生のやることを見ててください。まずこうやって……」

先生はみんなにお手本を見せています。みんな先生の真似をして同じようにしてい

ますが、L君だけが違うやり方で進めています。
先生「L君、何してるの？　やり方が違うよ？」
L君「僕はいつものやり方でやるから。いつものほうがいいもん」
先生「そのやり方、おかしくない？」
L君はいつも人の言うことを聞こうとせず、自分がこうだと思ったやり方をしては失敗しています。

●思考が硬い

「何も考えずに、思いつきでやっているように見える」「やる前から絶対こうだと思い込んでいるようだ」「1つのことに没頭すると、まわりが見えなくなる」。L君にはこのような特徴がありそうです。

その背景には、柔軟性の欠如や思考の硬さ、ほかに注意を向けられないためより多くの選択肢が持てないという原因が考えられます。

私たちは通常、何か難しい問題にぶつかったとき、いくつかの解決策を考えます。その中からどの解決策が最もうまくいくかを考え、選択・実行します。その結果、成功すればそのまま続け、失敗すれば違う解決策を選び直し、再び実行します。

しかしL君のように柔軟性がなく思考が硬いと、解決策がたいてい1つしか出てきません。**1つだけだと一番いい選択肢かどうかが比較できないうえ、過去に同じような失敗をしていても、別の解決策がわからずに、何度も同じ間違いを繰り返してしまうのです。**

ほかにも、融通が利かないと日常生活において、

- いったん立ち止まって考えずに、すぐに行動に移してしまう
- やる前から絶対こうだと思って突き進む
- さまざまなヒントがあっても、そこに注意を向けられない
- 1つの作業・課題に対して一部分しか注意を向けられず、必要なことを見落としてしまう
- 見たものにすぐに飛びつく
- 見えるものの背景や周囲にあるものに気がつかない
- だまされやすい
- 過去から学べず同じ間違いを繰り返してしまう

などといった行動を起こしがちです。

これらの特徴は、対人関係において、さまざまなトラブルに結びついてしまうのです。

●柔軟性が足りないと、被害者意識が強まって不適切な行動に

私が少年院の非行少年たちに感じたことの1つに、「被害者意識が強い」という特徴があるとお話ししました。

少年院では、すれ違う際に少し目が合っただけで「あいつがにらんできた」、肩が触れただけで「わざとやりやがった」、まわりでヒソヒソ話をしていると「自分の悪口を言っている」などという訴えが多く、それが、認知力（見る力・聞く力）の弱さからくることはすでに説明しましたが、ほかにも「思考の硬さ」が被害者意識を強める大きな原因になっています。

何かあったときに、「ひょっとして自分の勘違いかもしれない」「気のせいかな」「ワザとじゃないのでは？」といった考えがまったく出てこないのです。

最初から「絶対にそうだ」と決めつけていて、思考の修正ができないために、どんどんと被害者意識だけを強めていき、何かの拍子にいきなり少年同士で殴り合いになるような事態につながったりするのでした。

3 身体力の弱さ

「身体力の弱さ」に見られる特徴

・手先が不器用
・運動音痴、集団運動が苦手
・力の加減ができない、物をよく壊す
・自分の体の動きが予測できない
・左右がわからない

日常生活に影響を及ぼす身体的な不器用さ

発達的な問題としての「身体力の弱さ」は、「身体的に不器用」と言ってもいいでしょう。身体的不器用さには、発達性協調運動症（developmental coordination disorder：以下DCD）という疾患が関係していることがあります。

協調運動とは、別々の動作を1つにまとめる運動です。たとえば、皿を洗うときを考えましょう。皿洗いでは、皿が落ちないように一方の手で皿をつかみ、もう一方の手でスポンジを握って皿をこするという、2本の手が協力し合って別々の動作を行なっていますが、これが「協調運動」のわかりやすい例です。

DCDではこの協調運動に障害があるため、身体的な不器用さにつながるのです。

協調運動には、粗大運動（体の大きな動き）と微小運動（指先の動作）がありますが、それらに困難さを持つ子どもたちは5～11歳で約6％いるとされています。

DCDだと身体を上手に動かすことができないため、日常生活に困難が生じます。手先の器用さと言われる微小運動には、靴ひもを結ぶ、ボタンをかけるといった身体的な自立をするうえで重要な動きや、字を書く、ハサミを使う、折り紙を折る、楽器を演奏するといった創作的活動に必要な動きがあります。

そのため、身体的不器用さは、単に運動音痴というだけではなく、身辺自立や創作活動などに支障をきたすことも懸念されます。

不器用さはまわりにバレてしまう

身体的不器用さはとても目立ちます。

学校ではたとえ算数のテストで30点を取ったとしても、バレないように隠せば算数が苦手なことは誰にもわかりません。

しかし身体の動きは別です。体育の時間や運動会などで、みんなに不器用さが知られてしまいます。みんなでタイミングを合わせて行なう運動などではいつも足を引っ張り、みんなから責められます。それで自信を失ったりいじめの対象になったりする可能性もあるのです。

こういったケースも、非行少年たちの中に数多く見られました。勉強や対人関係が苦手という以外にも、身体的な不器用さでさらに自信を失っていたのです。

イメージ通りに身体を動かせない

これは、自分の身体のイメージがうまくつかめないケースです。

ケース8 「運動音痴で、集団運動が苦手」

先生「M君、こっちに来て」

M君は先生のほうへ行こうとして、途中で身体を机にぶつけ、ひっくり返してしまいました。

体育の時間、先生が前に立って運動会の踊りの練習をしています。

先生「M君、左右が逆だよ」

M君はまわりを見て、自分だけ左右が違うのに気がつきました。

ボディイメージがうまくできていない

「力の加減ができない」「物をよく壊す」という子どもがいます。

自動車でたとえると、どのくらいハンドルを回せばどれだけ自動車が曲がるのかといったことが正確につかめていない状況に似ています。

要は、自分のボディイメージがうまくできていないのです。

「左右がわからない」子どももいます。左右がわからないと言っても「右手を挙げて」と言えばすぐに右手を挙げることができれば「左右はわかっている」と思われがちですが、違います。先生が黙って右手を挙げて「これと同じように真似をして」と言って、すぐに右手を挙げることができないと左右がわかっていることになりません。

これは相手のボディイメージを、自分にうまく置き換えられない状態だと考えられます。左右がわからないと、相手の真似をすることが苦手になります。

手先が不器用で、人より遅れがち

次は手先が不器用で、作業が遅い子の例です。

ケース9 **「手先が不器用で、作業に時間がかかる」**

先生「折り紙に書いた線に沿って、ハサミで切ってください。ハサミで切ったら、次は……」

N君は一生懸命ハサミを握って切っていますが、どうしても線から外れてしまい、まっすぐに切れません。まわりを見るとみんなどんどんと次の課題に進んでいます。

●手先の不器用さは、視覚認知や姿勢の悪さからも

手先の不器用さについては、まず先ほど説明したようにDCDによる協調運動の微小運動の弱さが考えられます。

日常生活では、書字、描写、ジグソーパズル、模型の組み立て、地図を描いたり読んだりすることが苦手といった特徴が挙げられます。

しかしこのケースではDCD以外にも、視覚認知の弱さ（折り紙に書いた線が細くて認識しにくい可能性）や姿勢の悪さも原因として考えられます。

「姿勢の悪さ」は、筋肉の調整機能に問題がある場合があります。

身体の筋肉の緊張が弱いと必要以上に関節が柔らかくなり、まっすぐ立ってもお腹が出るような姿勢になってしまって、姿勢が悪くなります。逆に筋肉の緊張が強い場合は柔軟性に欠け、ロボットのようなぎこちない動きになったりします。

姿勢が悪いと、じっと座っていられなくなります。もちろん手先の細かい動きにも影響があり、手先の不器用さにもつながるのです。

力の加減が苦手で、トラブルにつながる

最後は、力の加減ができず、友だちとトラブルになるケースです。

ケース10「力の加減ができなくて、人を怒らせてしまう」

ホームルームの時間に教室でみんなで身体を使ったゲームをしています。
先生「隣の人の肩をゆっくり叩いてください」
O君はPさんの肩をドンドンと叩きました。
Pさん「痛い！　もっとやさしく叩いてよ。わざと？」
O君「軽く叩いたよ。わざとじゃないよ」
Pさんはムッとしました。

力のフィードバックがうまく働いていない

O君は特別に力が強いわけではありません。自動車の運転でたとえると、どのくらいアクセルを踏めば、どれだけのスピードが出るのかといったことが正確につかめていない状況に似ています。

O君は力の加減ができず、いつもアクセル全開にしているといったイメージです。原因として、筋肉の固有受容感覚（筋肉の中にあるセンサーで、いまどのくらい筋肉が伸びているかを感知する働きがある）と運動に対するフィードバック機能がうまく働いていないことが考えられます。

どう力を入れればどのような結果が返ってくるかといったフィードバックは、日常生活の中ではなかなか体験できません。このケースのように、Pさんから「痛い」と言われてはじめてわかることなのです。

もし相手が何も言ってこなければ、O君は思いっきり力を入れて叩いても、この力でいいのだと間違った学習をしてしまうことがあります。

身体的な不器用さが、社会への不適応につながっていく

少年院でも、身体の動きが極端に奇妙だったり、身体の使い方が不器用だったりする少年たちがしばしば目につきました。たとえば、次のようなケースです。

〈少年院内で身体の不器用な少年が起こした例〉
・野球をしているとき、ボールを一塁側に投げたつもりが三塁側に飛んでいってしまった。
・サッカー中、ボールではなく相手の脚を蹴ってしまい、何人も捻挫《ねんざ》させた。
・洗面台の水道の蛇口を回しすぎて、蛇口をもぎとってしまった。

〈社会生活の中で身体の不器用な少年が起こした例〉
・皿洗いのアルバイトで何度も皿を割ってしまい、クビになった。
・飲食店のバイトで料理を出すときにドンッと勢いよく置いてしまい、お客さんとトラブルになった。
・建設現場で、身体の使い方が悪く、親方から怒鳴られてばかりだった。
・ケンカで相手の頭を踏みつけたら、頭蓋骨《ずがいこつ》を陥没させてしまった。
・友だちと肩を組んだつもりが相手に大怪我をさせてしまい、傷害罪で逮捕された。

このように単純なミスもありますが、単に「不器用だから」では済まされないトラブルも多々起こしていました。

いくら真面目に働こうとしても、身体が不器用で仕事をクビになって職を転々としたり、本人に他意がなくても人を傷つけてしまい傷害罪になったりしていたケースが多く見られたのです。

身体が不器用なら、頭を使う仕事に就けばよいのではないか？　と思われるかもしれません。

しかし、彼らはたいてい認知機能の弱さも併せ持っているため、頭を使った仕事にも就きにくく、さらに対人関係も苦手なため、サービス業にも就きにくいという傾向があるのです。

安定した就労が再非行防止には欠かせないのですが、身体の不器用さのせいで再非行のリスクを高めてしまい、「身体的な不器用さ」は、彼らにとって致命的なマイナスとなっていました。

生きづらい子どもには、学習面や社会面だけでなく、身体面への支援も欠かせないと言えるでしょう。

CHAPTER 2のまとめ

☑ 学校で困っている子どもは、生きていくうえで必要な「3つの力」が不足している。

☑ 大切な3つの力とは「認知力」「対人力」「身体力」のこと。

☑ 3つの力は生きていくうえで基本となる能力のため、欠けると生きづらく非行などにつながる可能性も。

CHAPTER 3

生きづらかった子どもは、どんな大人になるのか？

困っている子どもが支援を受けなければどうなるか、を考えていく

ここでは、チャプター２で説明した生きづらい特徴を持った子どもたちが、もし何も支援を受けなかったら、どんな大人になるのかを説明していきます。

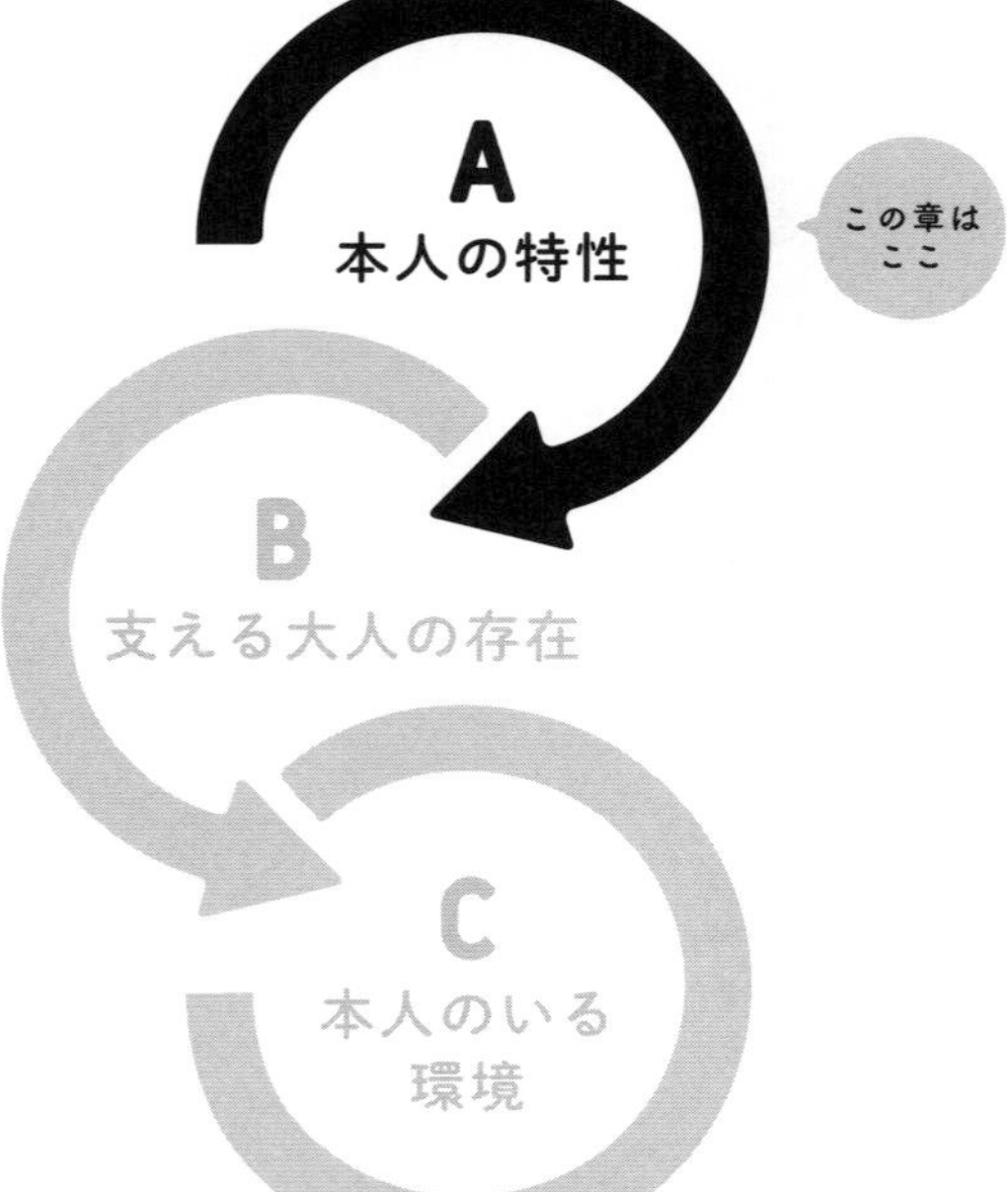

お子さんのいまの状態を確認してみましょう

あなたのお子さん（もしくは気になる子ども）で気になる点があれば、当てはまる項目に☑してみましょう。

- □ 引きこもりになってしまわないか心配
- □ いじめにあわないか心配
- □ 将来、仕事に就けるか心配
- □ 将来、ひとりで生きていけるか心配
- □ 悪い人にだまされたり、利用されたりしないか心配
- □ 誰にも理解してもらえず、将来犯罪に走ってしまわないか心配

大人になると忘れられてしまう「やっかいな」人たち

「いい年をした大人」なのに、トラブル続き

ニュースを見ていると、「どうしていい年した大人が、こんな罪を犯してしまうのか？」と不思議に思うような事件が時々あります。

何度も万引きを繰り返す大人、ちょっとしたことでいきなりキレる大人、近年のあおり運転事件、新型コロナウイルスで自粛が求められる中での不適切な行動など、「どうしてそんな馬鹿なことをするのだろうか？」と思われるかもしれません。

しかし、ここでみなさんに考えてほしいのですが、チャプター2で紹介した「生きづらい子ども」が、もしなんの支援も受けずにそのまま大人になったら、いったいどうなるのか……。否が応でも想像ができるかと思います。

さまざまな局面で、次のようなトラブルを起こす大人になってしまうはずです。

「認知力の弱さ」から……

・仕事のミスが多い
・仕事が覚えられない
・仕事が続かない
・時間を守れない

「対人力の弱さ」から……

・上司や同僚の気持ちが想像できない
・カッとなって取引先とトラブルになる
・失敗しても反省できない
・うまい話に流されやすい
・他者からのアドバイスが聞けない
・プライドだけは高い

「身体力の弱さ」から……

・細かい作業ができない

・物を作ったり、うまく運んだりできない

こういった大人があなたの職場や近くにいたらいかがでしょうか？　大人のくせにやっかいな人に映らないでしょうか。生きづらかった子どもたちは、そのまま大人になるとこんなふうに「ただのやっかいな人たち」とされてしまうことがあるのです。

トラブルがなければ、普通の人と見分けがつかない

子どもが学校にいる間は先生の目がまだ行き届き、なんらかの支援を受けられる可能性もありますが、学校を卒業するともう誰も目をかけてくれません。

「大人になっても生きづらさのある人なら、周囲が気づいてくれて、支援を受けられるのではないか？」と思われるかもしれません。

しかし、それは大きな誤解です。たとえ「生きづらさ」を持っていたとしても、日常生活を送るうえでは「困ったまま大人になった人たち」は、一般の人たちとなんら変わった点が見られないのです。

友人とショッピングや飲食をしたり、コンサートに行ったり、運転免許を取ったり、

簡単な仕事はできたり……と、**通常の生活はできるため、「生きづらさを持っている人」として気づかれることはほとんどありません。**

しかし何かトラブルやいつもと違うことが起こったりすると、様子が変わります。たとえば、「これまでやっていたやり方を変えて」と言われても、「いつもこうやってきたので」と頑《がん》として譲らなかったり、いきなりキレたり、他者から親切心で言われたことを「小馬鹿にされた」と感じて不機嫌になったり、簡単にうまい話に乗ってだまされたりしてしまうなど、問題を起こしがちになってしまいます。

困ったことに遭遇して柔軟に対応できる力は、ある意味「知恵」と言えるものです。逆に、困ったことさえ起こらなければ普通に生活できるので、普通の人と見分けがつかず、生きづらさを持った人たちは「気づかれずに忘れられてしまう」のです。

刑務所にもかなりいる、かつての「生きづらい子どもたち」

かつての「生きづらかった子ども」が刑務所に入ったケースもあります。

ケース11 「刑務所ではじめて〝生きづらさ〟に気づかされた」

Qさんは、子どもの頃から勉強ができず、友だち付き合いも苦手でした。中学を卒業してすぐに土木関係の仕事に就きましたが、なかなか仕事を覚えられず仕事を転々としていました。景気が悪くなると仕事がなくなり、その日に食べる物にも困るようになりました。そこで悪いとはわかっていつつも、スーパーで食料品を万引きしてしまい、とうとう警察に捕まってしまったのです。しかし刑務所でも作業がなかなか覚えられないため知能検査を受けたところ、「軽度知的障害」と診断されました。Qさんは出所後、福祉サービスを受けながら生活しています。「もっと早くにわかっていたら……」と、Qさんも支援者も思っています。

●軽度の知的障害や境界知能は気づかれないことも多い

受刑者の中には、Qさんのように生きづらさを抱えた人たちがかなりの割合いるのではないでしょうか。この問題は山本譲司氏の『獄窓記』（新潮文庫）にも詳しく書かれています。刑務所の中は凶悪犯罪者ばかりと思っていたのが、実は「福祉のサポートが必要な受刑者がたくさんいた」というのです。

法務省の矯正統計表を見ても、半数近くは認知力に問題がある人たちがいると推測できます。また、アメリカ知的・発達障害協会から出版されている『知的障害定義、分類および支援体系（第11版）』の第12章にはまさに認知力が弱い、生きづらさを抱えた人たちについて、次のように書かれています。

- 一般集団と明確に区別できない
- 多くの支援が必要にもかかわらず、より要求度の高い仕事を与えられる
- 失敗すると非難され、自分のせいだと思ってしまう
- 自らも「普通」であることを示そうとして失敗する
- 必要な支援の機会を失うか、拒否する
- 所得が少ない、貧困率が高い、雇用率が低い
- 運転免許証を取得するのが難しい
- 栄養不足の比率や肥満率が高い
- 友人関係を結んで維持することが難しい、孤独になりやすい
- 支援がないと問題行動を起こしやすい

これは、「生きづらさ」を持った子どもたちがそのまま大人になった姿なのです。

理解されないと子どもの傷は深まっていく

生きづらかった子どもたちが犯罪者に

不器用な子どもたちは、成功体験が少ないため、なかなか自信を持てません。そのため彼らの心はガラスのように繊細で、傷つきやすい存在でもあります。そんな大切に守ってあげないといけない子どもたちが、学校や社会の中で気づかれないどころか、反対に傷つけられ、いじめ被害にあったりして、引きこもりや心の病になったり、犯罪者になったりしてしまうケースもあるのです。

私が勤務していた少年院はまさにそういった少年たちの集まりでした。「こんなひどい状況が続けば非行化しないほうがおかしい」といった過酷な状況下にあった少年たちもいたほどです。

学校で気づかれないことと同様に恐ろしいのは、大人が心配して病院を受診させ、診

察や検査を受けても、医師から「問題ありません」と言われた場合です。

一度「問題がない」と診断されてしまうと、教師や保護者はそれを信じます。すると通常の子どもたちと同じ扱い・評価をされてしまいますが、実際にはなかなかついていけません。

そういった子どもが問題を起こすと、「やる気がない」「なまけている」「ずる賢い」「気を引きたい」「親の愛情が足りない」といった残酷な判断が下されてしまうのです。

非行少年たちも、出院後は社会で真面目に働きたいという気持ちを持っています。そこで支援者は、「やる気があるなら仕事を紹介する」と、期待して仕事を紹介します。しかし、たいていが1カ月、長く続いても3カ月くらいで仕事を辞めます。やる気はあっても、働き続けられないのです。なぜなら、これまでに述べた通り、認知力の弱さ、対人力の弱さ、身体力の弱さなどから、言われた仕事がうまくこなせない、覚えられない、職場の人間関係がうまくいかない、時間通りに行けないなどのトラブルメーカーとなり、雇用主から何度も叱責を受けて辞めてしまうのです。

職がなくなったあとは……お金がなくなるので、生活ができません。その結果、簡単にお金が手に入る窃盗などをして再非行に走ってしまうのです。

いじめ被害が非行につながる場合も

次は、生きづらい子が新たな被害者を生んでしまった事例です。

ケース12「いじめ被害にあったことがきっかけで……」

R君は小学校から勉強が苦手で友だちも少なかったようです。さらには両親からも不適切な養育を受けていたようで、学校で友だちともよくトラブルを起こし、そのたびに先生からも叱られていました。また、背が低く太っていたので、次第に同級生からいじめを受けるようになりました。中学に入ってからもいじめは続き、R君はそのストレス発散から、小さな女の子を見つけては性的ないたずらを繰り返すようになります。

そしてとうとう強制わいせつ罪で警察に逮捕されてしまいました。R君は少年鑑別所に送られ、そこで検査を受けてみて、はじめて知的な遅れと発達障害があることがわかりました。

被害者が新たな被害者を生む

私は少年院で、性非行少年の再非行防止のためのグループワークを行なってきました。少年たちが犯した内容は幼女への強制わいせつ事件が多かったのです。グループの中でどうして性非行をやってしまったのかを考えていくのですが、最初はみんな「性欲が強いから」と答えます。

しかしグループワークを進めていくうちに、次第に「いろんなストレスが溜まっていて、その発散のためにやった」という声が出てきます。

そしてそこでの一番のストレスの原因はみんな共通していました。

それが**「いじめ被害」**だったのです。

生きづらい子どもたちは、勉強ができない、対人関係が苦手で友だちができない、運動も苦手……といったなかで、いじめを受けることがあります。いじめのストレスは壮絶です。そしていじめを受けたストレス発散のために、小さな女の子をターゲットにして強制わいせつを行なっていたケースが多く見られました。

生きづらい子どもたちが被害者になり、そして加害者になり、さらに新たな被害者を生んでいたのです。

生きづらい「グレーゾーン」の子どもたち

グレーゾーンはかつての「軽度知的障害者」

こういった生きづらさを持った子どもたちや大人になって忘れられている人たちはいったいどのくらいの割合でいるのでしょうか。

現在、「境界知能」という言葉があります。これは「知的障害グレーゾーン」とも言われ、はっきりと知的障害の診断まではつかないものの、ＩＱは正常域でもなく、さまざまな困難さを抱えた人たちがこれに相当します。

このグレーゾーンは、知的障害の定義の変遷《へんせん》から見ていくのが最も理解しやすいでしょう。

現在の知的障害の定義では、おおよそＩＱ70未満で社会性に障害があることとなっています。この定義であれば、およそ2％の人が知的障害に該当することになります。

しかし、ひと昔前のＷＨＯ（世界保健機関）によるＩＣＤ（国際疾病分類）第8版（ＩＣＤ−8：1965〜74年）では、**ＩＱ70〜84までが境界線精神遅滞**といった定義がなされていました。「精神遅滞」は、いまで言う「知的障害」のことです。つまり**現在の「グレーゾーン」は、かつて「知的障害に含まれていた」**ことになります。

これは実に、**人口の約14％（日本では、約1700万人）に相当する**のです。

しかし、その後、第9版（ＩＣＤ−9：1975〜84年）になると、**知的障害は現在のＩＱ70未満**に変更となりました。変更の背景には、あまりに知的障害の人口が多くなってしまうなど、さまざまな事情があったと推測されます。

そこで境界線精神遅滞は「境界知能」、つまり「グレーゾーン」といった扱いになりました。

しかしここで問題となるのが、グレーゾーンと名称が変わったにせよ、ＩＱ70〜84のかつて「軽度知的障害者」と定義されていた人たちは依然存在するのであり、この世界では「生きづらい」人たちだということなのです。

しかも彼らは、子どもの頃から生きづらさを持っていたにもかかわらず、支援につなげてもらえることが少ないため、仕事が続かなかったり、引きこもったり、最悪な場合には犯罪に手を染めて刑務所に入ってしまう場合もあるのです。

もちろん刑務所はあくまで最悪なケースです。ここで知っていただきたいのは、**彼らが生きづらく困っていても、自分から支援を求めることが難しいこと、そして、他人からは支援を求めているような様子にはなかなか見えづらく、サポートを得られにくいこと**、それが一番の問題なのです。

軽度・グレーゾーンという言葉の誤解

知的障害はグレーゾーンも含めると、障害程度の低い順から境界知能（グレーゾーン）、軽度、中等度、重度、最重度といった区分がなされています。**しかしここにも大きな誤解があります。**

障害程度の軽い軽度知的障害やグレーゾーンは、中等度や重度の知的障害よりも支援をしなくてもいいというわけではありません。

むしろ逆に、軽度知的障害やグレーゾーンであれば健常人と見分けがつかず、当然のように放っておかれ、さらに軽度といった言葉から「支援もあまり必要でない」と誤解され、また本人も普通を装って支援を拒否したりするため、支援を受ける機会を逃してしまうのです。

しかし一方で、日常生活では社会から「やっかいな人たち」と攻撃されたり、搾取《さくしゅ》されたりと、さまざまな困難に直面しているのです。

そのため、**生きづらい子どもは、大人になっても反社会的な行動に至ってしまう可能性があります。**

ここにも、生きづらい子どもたちをさらに生きづらくしてしまう構造があるのです。

Q&A 教えて！ 宮口先生

Q2 「境界知能」と「発達障害」の症状は似ているところがあるけれど、2つは違うの？

A 知能の課題と発達障害は別の問題です。
症状が似ているところがありますが、本書で紹介した「困っている子どもの特徴」（感情のコントロールが下手、対人関係が苦手、不注意など）は、重度～中等度の知的障害の場合、すべてに当てはまります。知的障害では、全般的な認知機能の低下（すべての認知機能領域でマイナス）が認められます。一方の発達障害では、認知機能にプラス要素や正常域があるものの、マイナス要素もポツポツと見られます（ただし、知的障害と発達障害は合併することもあるので、注意が必要です）。そのため、知的障害を支援できるプログラムは、発達障害もカバーしています。コグトレは中等度知的障害以上を対象に作られているので、発達障害の支援も可能です。

CHAPTER 3のまとめ

- ☑ 不器用な子どもが適切なサポートを受けないまま大人になると、社会生活が困難になって犯罪などに走る可能性も。

- ☑ IQ70～84までの人が「グレーゾーン（境界知能）」と定義されるが、かつては「軽度知的障害」とされていた。

- ☑ 「グレーゾーン」は、人口の約14%に存在すると言われている。35人のクラスなら、5人程度はいる計算。

- ☑ 「グレーゾーン」の人は生きづらいにもかかわらず、支援につながることが少ない。

CHAPTER 4

不器用な子どもにあげられる2つのシンプルギフト

どうやって
「生きづらい子ども」を
支えていくか、を考えていく

ここからは、子どもが変わるヒントと、生きづらい子どもを支える２つの柱を紹介し、最後に保護者の方々に向けた簡単なワークを行なっていきます。

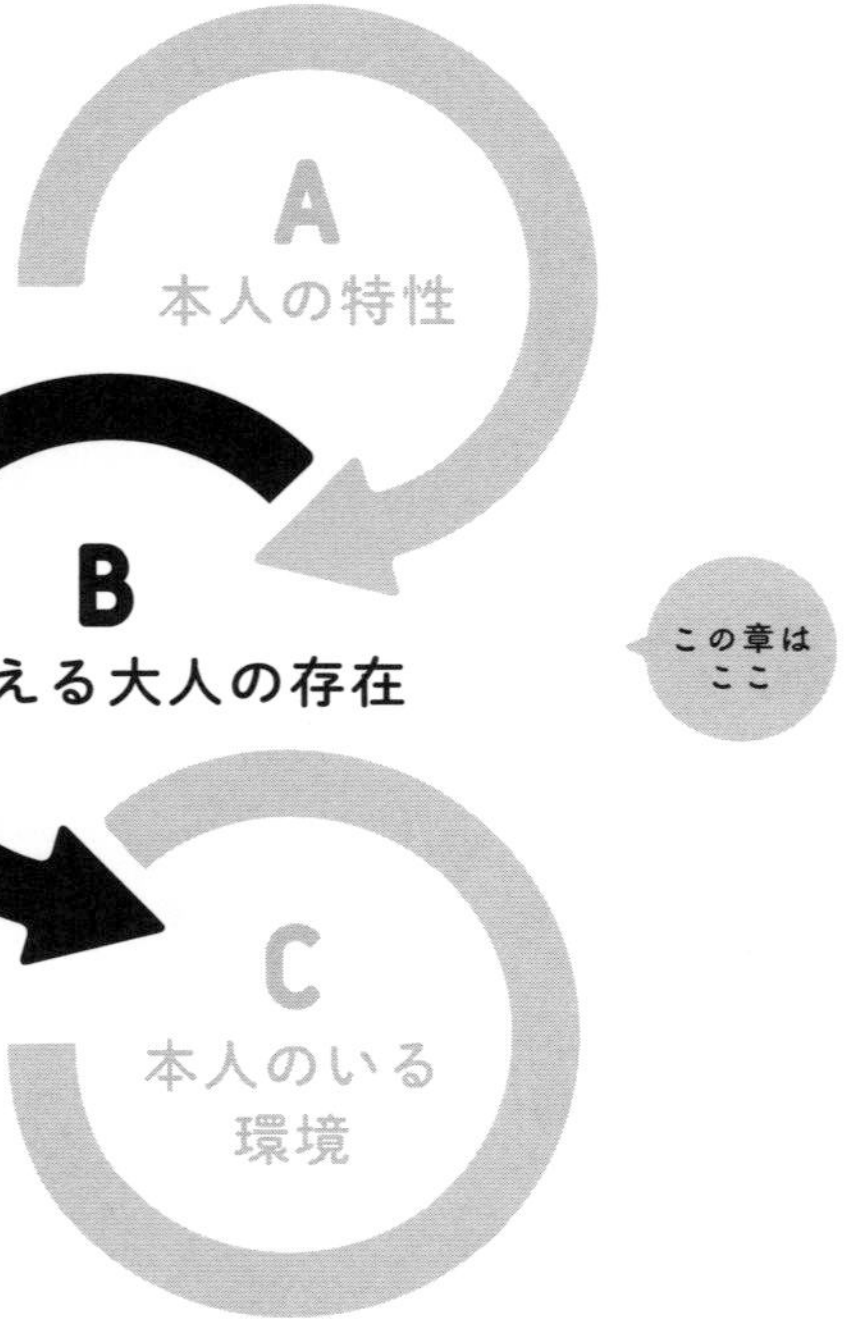
A
本人の特性
B
支える大人の存在
この章はここ
C
本人のいる環境

お子さんのいまの状態を確認してみましょう

あなたはお子さんが（もしくは気になる子どもが）どんなふうに育ってほしいですか。当てはまるものに☑してみましょう。

- □ 自分のことは自分でできる子になってほしい
- □ 人とうまくやってほしい
- □ 自分で仕事をして生活できるようになってほしい
- □ 思いやりがある人になってほしい
- □ 人と協力して助け合ってやっていけるようになってほしい
- □ 自分の好きなことをのびのびとやってほしい
- □ 必要なときには人に助けを出せるようになってほしい
- □ 毎日、楽しんで生きてほしい
- □ 大事なパートナーと出会って、温かい家庭を作ってほしい
- □ やりがいのある好きな仕事を見つけてほしい
- □ 安定した生活を送ってほしい
- □ 友だちを大切にしてほしい
- □ 自分に自信を持ってほしい
- □ 自分も人も大切にしてほしい
- □ 人から信頼される人になってほしい

不器用な子どものおかげでできた「コグトレ」

くじけながらも開発してきたコグトレ

少年院には自分に自信のない少年たちがたくさんいます。何をするにも最初から諦めていて、「どうせ、やってもムダ」。そう言って、課題に取り組もうとしない少年たちばかりでした。

「生きづらい子どもの3つの特徴」（チャプター2）を持ち、勉強や対人関係などで何度も挫折してきたため、すっかりやる気をなくしていたのです。

私は彼らの認知機能を向上させ、少しでも自信につなげられるように、認知機能を上げるトレーニングを開発してきました。それがチャプター5で詳しく説明する「コグトレ」です。

結果的にこのコグトレで彼らの認知機能が大きく改善し、やる気や自信につながっていったのですが、道のりはそう簡単ではありませんでした。

当初は、コグトレの指導をしても、「やってもムダ」「賢くなっていったい何になるんですか？」「もうやめたい」といったネガティブな反応ばかり。厳しい教官がまわりにいるので、渋々取り組んでいる様子で、私自身、正直、投げやりになりかけていました。

しかし、ある日、転機が訪れたのです。

ある日の指導中、好き勝手なことを言う少年たちにほとほと疲れてしまった私は、文句を言っていた少年に、「前に出て、私の代わりに問題を出してください」と教える役を任せてみました。少年の席に私は座り、「偉そうに文句を言っても、前に立ったらきっと何も言えなくなるだろう」と成り行きを見ていました。

ところがそこで、驚くようなことが起きたのです。その少年は、これまでの態度がなんだったんだろうと思うほど嬉しそうな面持ちで前に出て、得意そうに問題を読み始めました。さらには、ほかの少年に答えさせようとし、当てられた少年もこれまで見たことがないくらい真剣に答え始めます。

その後も、驚くべきことが続きました。その少年がひと通り問題を出し終えると、「次は僕がやります！」「いや、僕が教えます！」とほかの少年たちも先を争って前に出てきたのです。

その日から、少年たちはみんなとても楽しそうに、真剣にトレーニングに参加するようになりました。

終わりの時間がきても「もう終わるんですか？　もっとやりましょうよ！」「今度はいつあるんですか？」と言い出すなど、少年たちは劇的に変わったのです。

なぜ、少年たちは、こんなにも生き生きと参加するようになったのでしょうか。

実は、これまで何度となく「こんなのもわからないの？」と言われ続けてきた少年たちは、自分たちも、

「人に教えてみたい！」

「人から尊敬されたい！」

「問題に正解したい！」

という気持ちを強く持っていたのです。

少年たちのやる気が、教室の空気をガラリと変え、さらに彼らはトレーニング以外のことにも興味を持ち始めました。

「勉強は嫌いだから、少年院を出たらすぐに働く」といつも言っていた中学生たちが、

「もっと勉強したい。高校に行きたい」「大学にも行ってみたいです」と話し始めたのです。

これらの体験から、彼らの「やる気のなさ」は性格でも怠惰《たいだ》でもなんでもなく、「本来、大人がするべきであった支援が足りなかった」ためだったことがわかりました。

子どもたちの適性に気づき、それに合った機会を大人が作ってあげること。これが子どもの「チャレンジしたい」という強い気持ちを引き出すことだと感じています。

子どものやる気や挑戦する気持ちは、教える側（支援者）自身のやる気にもつながっていくのです（このあと「伴走者」という内容でさらに詳しく説明します）。

「生きづらい」子どもが大人に求めているものは？

少年院は、困っている子どもたちが本来であれば受けるべき教育にうまくつながらず、つながらず、つながらず……を繰り返した結果、最終的に行きついてしまったところの1つと考えています。困っていたのにサポートしてもらえなかった彼らが「変わろうと思ったきっかけは何か？」を知ることは、いま「生きづらい」と感じている子どもたちへの支援の大きなヒントにもなるはずです。

そこで、彼らが「変わろうと思ったきっかけ」を語った実際の8つの声を、次の図にまとめてみました（ここでの「先生」とは、少年たちの担任となる法務教官を指します）。また、少年たちの声の傍線部が、後述する「生きづらい子どもに大人ができること」のいずれに対応するかを矢印以下で示しています。

6　人と話す自信がついたとき

社会では人と話すのが苦手だったけど、ここに来たら、人に頼んだり、お礼を言ったり、謝ったりしなければならないので、話すことに自信がついてきた。

→チャレンジしたい

7　将来の目標が決まったとき

いままで何をやってもできなかったけど、将来やりたいことが見つかった。資格をとってがんばる。

→チャレンジしたい

8　最後まで諦めずにやろうと思ったとき

いつも途中で諦めて最後までやったことがなかったけど、先生から途中で諦めたらだめだと言われ、最後まで諦めずにやったら、できた。とても自信がついた。

→伴走してほしい

生きづらかった少年たちが、変わろうと思ったきっかけ

1 家族のありがたさ、苦しみを知ったとき

これでもかというほど非行をしても、そんな自分を見捨てずに毎月面会に来てくれる家族や、何百万円という被害弁償に対しても、何も言わずに働いて払ってくれている親を見て、もう二度と裏切りたくないという気持ちになった。

→安心の土台がほしい

2 勉強がわかったとき

漢字が全然読めなかったけど、ここに来て漢字のテストで（漢字検定の）級が上がった。新聞が読めるようになった。もっと勉強したい。

→チャレンジしたい

3 信用できる人に出会えたとき

先生は厳しいけど話を聞いてくれて、僕のことを真剣に考えてくれて、いまの僕に必要なアドバイスをくれる。

→伴走してほしい

4 大切な役割を任されたとき

先生にはいつも叱られていて、先生は僕のことを嫌っていると思っていたけど、少年院の中で難しい係を任されて、信頼されていると気がついた。先生を裏切りたくない。

→伴走してほしい

5 物事に集中できるようになったとき

学校では全然集中できなくて勉強にやる気が出なかった。病気だと言われていた。でも集中できるようになって勉強が楽しくなった。

→チャレンジしたい

1人ひとりの少年にとって、法務教官（先生）はいわば「頼りになる重要な大人」（＝養育者のような存在）でもあります。

その教官や大切な家族との関わりのなかで、彼らは**安心感（＝安心の土台）と寄り添ってくれる大人の存在（＝伴走者）を得て、はじめて「新しい自分に変わりたい」「新しいことにチャレンジしたい」と変わっていった**のです。

ここに、生きづらい子どもたちが本来求めていた、次の3つの「心の声」が見えてきます。

- **安心の土台がほしい**
- **伴走者がほしい**
- **チャレンジしたい**

子どもの心の声に耳をすまそう

生きづらい子どもたちが変わるカギは、先ほどの2つと考えます。

・安心できる大人の存在（安心の土台の存在）
・自分の力を発揮できる環境（伴走者の存在）

そこで、次に大人としてできる「安心の土台」と「伴走者の役割」について説明します（もう1つの「チャレンジ」については、チャプター5で紹介します）。

「少年院は外部とは隔離された厳しい環境のなかだから、変わっただけじゃないか」と思われる方も多いかもしれません。

もちろん、特殊な環境のなかにいるため、悪い行動がとれないのは事実です。しかし厳しい環境にいるだけでは、内面の変化はありません。

子どもを厳しい環境に置いて強制するのではなく、どんな環境にいても「困らない」よう、本人自身が変わっていく必要があるのです。

あなたのそばにいる「生きづらい子ども」の行動からは、こういった「心の声」は読みとりにくいかもしれません。

そこで、心の声（サイン）の読みとり方についても、次から伝えていきます。

まわりの大人が「困っている子ども」にしてあげられること

安心できる大人の存在が基本になる

ここからは、「安心の土台」とは何か、そして安心の土台となる方法について説明していきます。

土台の意味は、**「子どもが本当に困っているときに、いつでも助けてくれる存在」**のことです。それを聞いて「それなら大丈夫」と思われるかもしれません。しかし、子どもの安心の土台になっているつもりでも、実はなっていない場合があるのです。

ここで子どもを「電気自動車」にたとえてみましょう。電気自動車には充電器が必要です。電気がなくなりそうになったらいつもで充電できる場所がある、これが安心感となって遠くまでドライブに出かけることができるのです（128ページ図を参照）。

お気づきのように、充電器は子どもの養育者、もしくは支援者である、あなた自身

のことです。

しかし、あなたがしっかりと充電器になっているつもりでも、**実は「生きづらい子ども」はうまくその充電器を活用できていないかもしれない**のです。

大人の視点からではなく、子どもから見て、安心できる充電器と感じることが、子どもが「生きやすくなる」第一歩なのです。いくら充電器があっても、

- **どこにあるかわからない……**
- **違った電圧で充電されるかもしれない……**
- **時には充電を断られるかもしれない……**
- **ほかの誰かが使っているかもしれない……**
- **途中で壊れるかもしれない……**

子どもがそんな不安を感じてしまう充電器では、生きづらい子どもにとっては安心の土台にはならないのです。

では、「安心の土台」とはいったいなんでしょうか。

子どもがいつでも充電できる存在になる

子どもの出す
サインに「気づく」
子どものサイン
■自分勝手
■勉強をやる気がない
■悪いことを繰り返す
■反抗的
不安定な状況
うまくいかない
また失敗してしまった!!
もうムリだ……
子どもの
状態を「観察する」
子どもの状態
■不安がある？
■恐れがある？
■怒っている？
■恥ずかしい？
辛かったね
大丈夫だよ
子どもの
サインに「応じる」
子どもの充電器になる
もう大丈夫！
たっぷり充電したら、
子どもは落ち着く

不安になるときに「寄り添ってくれる存在」が大切

元来、人はさまざまな危機や不安を感じたとき、特定の存在に寄り添うことで「安心感」を得ようとする本能があると言われています。

生まれたばかりの赤ちゃんは、不快なときは泣いて母親を呼びます。親は赤ちゃんに近づき、抱っこして「よしよし」と声をかけ、落ち着かせます。

また、幼児が走っていて転んでしまったときなども、泣いて大人（親や幼稚園・保育園の先生）のもとに駆け寄っていくことがあります。

こんなふうに、不安なときにいつでも寄り添うことのできる対象が「安心の土台」になるのです。

もちろん大きくなったら、**精神的に寄り添う**ことでも、安心感が得られます。

これは子どもに限らず、大人になっても「寄り添う対象」が変わるだけで、安心の土台はあり、そこから安心感を得ようとすると言われています。

すでに見てきたように、生きづらい子どもにはさまざまな「困る理由」があります。

生きづらい子どもは自信がなく、いつも不安定な状態です。

こういった子どもは、危機的な状況や不安を感じる場面に出会うことが、通常の子どもたちよりずっと多いはずです。

そのたびに、誰かにくっついて「大丈夫だよ」と言ってもらい、安心感を得たい気持ちは人一倍強いと言えるでしょう。

そこで、私たち大人が、子どもが生きづらく困っているときに、子どもの不安や不快に気づき、子どもから頼りにされる存在にならねばなりません。

「不安定な土台」はちょうど、次ページの図の上段のような状態です。土台が不安定だと、子どもはさらに不安定な状態になっていくのです。

しっかり安定した土台を作るための「3つのポイント」を押さえましょう。

①子どものサインに気づく
②子どもの状態を観察する
③子どものサインに応じる

これらのポイントについて具体的に説明していきます。

生きづらい子どもの「安心の土台」になる

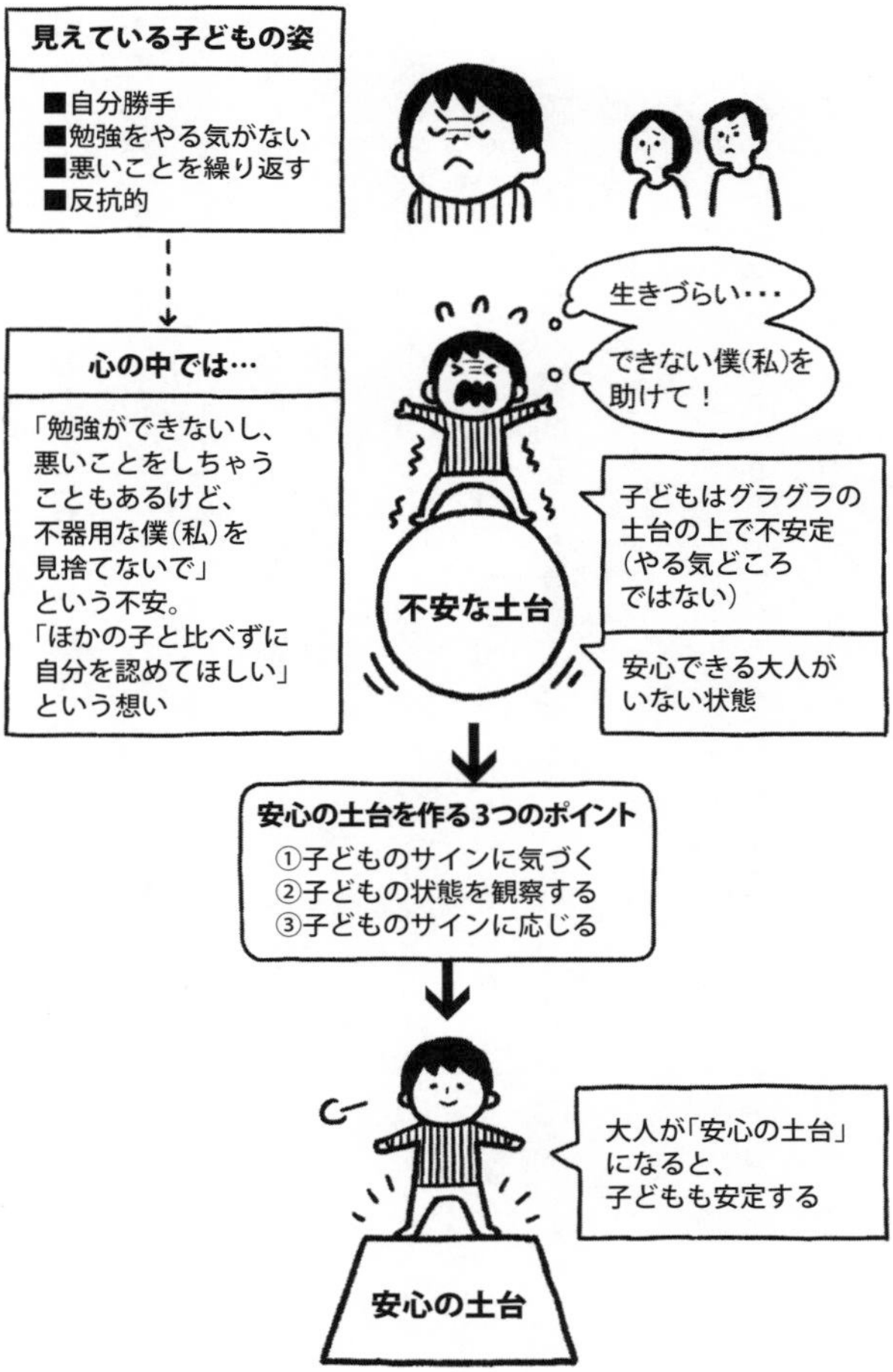
見えている子どもの姿
■自分勝手
■勉強をやる気がない
■悪いことを繰り返す
■反抗的
心の中では…
「勉強ができないし、悪いことをしちゃうこともあるけど、不器用な僕(私)を見捨てないで」という不安。「ほかの子と比べずに自分を認めてほしい」という想い
生きづらい・・・
できない僕(私)を助けて！
子どもはグラグラの土台の上で不安定(やる気どころではない)
安心できる大人がいない状態
不安な土台
安心の土台を作る3つのポイント
①子どものサインに気づく
②子どもの状態を観察する
③子どものサインに応じる
大人が「安心の土台」になると、子どもも安定する
安心の土台

①子どものサインに気づく

「機嫌が悪い？」「なんだか落ち着かない様子だな」

まずは、このような**子どもの気になる行動を、「不安のサイン」と気づくこと**です。

子どもたちは「安心感」を得るために、何百回、何千回、何万回と大人に「不安」を知らせるサインを送っていきます。

そこで安心感が得られると、手応えを感じ、自分ひとりでも安定していきます（前ページ図の下段の状態）。

大人の最初の役割は、生きづらい子どもが、どのようなときにどのようなサインを出しているのかに気づくことです。そのサインに気づき「落ち着くための声かけ」をすることで、子どもの心は満たされます。そして「自分ひとりではないんだ」と感じ、孤立感や被害感も減っていくのです。

しかし、だんだん成長して大きくなると、たとえ生きづらいときがあっても、乳児や幼児のように泣いて訴えたり、親や大人を求めて頼ってきたりしません。

逆に、わざと不適切な行動（反抗的な態度や嘘をつくなど）をとって、大人との関わりを求めることもありますし、突然くっついてくることもあります。自室に閉じこもって姿を見せなくなり、まるで人を遠ざけているように見えることもあります。

いずれにしても、子どもは「大丈夫な状態」ではありません。

もし、次のような兆候が見られたら、実はそれは子どもからの「不安を訴えるサイン」なのです。

- **朝からぐずぐずして、不機嫌であたりちらす。すぐキレる**
- **学校から帰ってきたら「ただいま」も言わず、ムスッとして自室に入ってしまう**
- **やる気がない**
- **食欲はあるのに、「お腹が痛い」としきりに言ってくる**
- **弟や妹をいじめる、親に反抗的な態度をとる**
- **ずっと親にくっついて離れない、テレビを見ていると横に座ってくる**

大人としては、このような兆候がないかアンテナを張っていることが第一歩です。気をつけて見てあげましょう。

②子どもの状態を観察する

次に、いまの子どもの「状態」と「気持ち」を観察します。たとえば、

- **いつもうまくいかない自分に落ち込んでいるようだ**
- **また失敗してしまった……いったいどうしたらと塞いでいるようだ**
- **自分の感情が押さえられないようだ**

などの状態を観察し、そこから**不安が強い? 恐れがある? 怒っている? 恥ずかしい気持ち?**など、「いまの子どもの気持ち」を想像します。

③子どものサインに応じる

そんな子どもの状態や気持ちが見えてきたら、次のようにいろいろな方法で子どものサインに応じてあげましょう。

- **「腹が立つね」「悲しかったね」「悔しかったね」「ショックだったね」など、子どもの心の叫びを代弁してあげる**

- **「大丈夫」「いつもそばにいるよ」などと言って、子どもの心を一緒に落ち着かせる**
- **最後までしっかり話を聞いてあげる**
- **落ち着くまで待ってあげる**
- **子どもの話に途中で口をはさまず最後まで聞いてあげる**
- **ひたすら子どもの味方でいてあげる**

これは、先ほどの「充電器の役割」と同じです。発達段階や性別により多少異なりますが、これらを繰り返すことで子どもの「安心の土台」になっていきます。

子どもが自分の力を発揮できる「伴走者」の存在

実は、子どもの安心の土台になっただけではまだ足りません。もう1つ、「伴走者」という役割が必要です。

「伴走者」は単に子どもを見ているだけではありません。**子どもが自分の力を発揮できる（チャレンジできる）環境を作ってあげる役割**があります。

「子どものチャレンジ」とはたとえば、学校に行く・勉強をする・友だちと遊ぶ・

クラブ活動をがんばるなどです。

子どもはチャレンジするとき、

「行ってみたいけど、最初は不安だからついてきてほしい」

「ひとりでは無理だから手伝ってほしい」

「自分でやれるようになるまで助けてほしい」


といった気持ちがあります。

これは、大人の私たちでも持っている欲求で、たとえば「行ってみたい店があるけど、ひとりでは心細いから一緒に行ってほしい」といったようなことがありますよね。ですから、決してめずらしい気持ちではありません。

生きづらい子どもにとってひとりでチャレンジすることは、大人よりもっと大きな困難を伴いますし、不安もそれ以上でしょう。しかし、**それ以上に「見守っていてほしい」という強い欲求があります。**

こんなとき、生きづらい子どもは反抗的とも見えるサインを出します。

やると言っても勉強をしようとしない、すぐに投げ出す、すぐに集中が途切れる、自分勝手なことばかり言うなどの言動が見られた場合は、よく子どもの状態を観察してみましょう。

すると、こんな心の声が聞こえてきませんか？

「がんばれって言われても無理だよ……」

「コントロールされると、よけいに混乱するんだ……」

「自分のペースをもっと知ってほしい」

「ほかの人と比べないで、僕を見てほしいな」

子どももどうしたらいいかわからないのです。

こんなときは単に励まして子どもをがんばらせるのではなく、子どもがどんな特性を持っているかをしっかり把握しておくことがポイントです。

たとえば、漢字を覚えることが苦手な子どもには、ただ漢字の練習をさせるだけではなく、

「その子にはいま何が必要なのか？」
「子どもの得意なことや苦手なことは何か？」

子どもがチャレンジしたくなる「伴走者」の存在

「子どもが好きなこと、嫌いなことは何か？」

「どんな言葉かけが好きか？　嫌いな言葉は？」

などを考え、

「どういう場面なら子どもが力を発揮できるか？」を考えて、チャレンジできる機会を意識的に作っていくことが重要なのです。

そのうえで、

「いつも見ているよ！」

「いつでも手伝うよ！」

といった気持ちが子どもに伝われば、子どもの「心のスイッチ」が入ります（前ページ図）。

これを繰り返すことで、あなたは生きづらい子どもの伴走者となり、子どもは新しいことにチャレンジできるようになっていくでしょう（次ページ図）。

そして、そういった生きづらかった子どもは、自分自身が次の世代を支える安心の土台と伴走者になっていくのです（次々ページ図）。

生きづらい子どもの伴走者になる

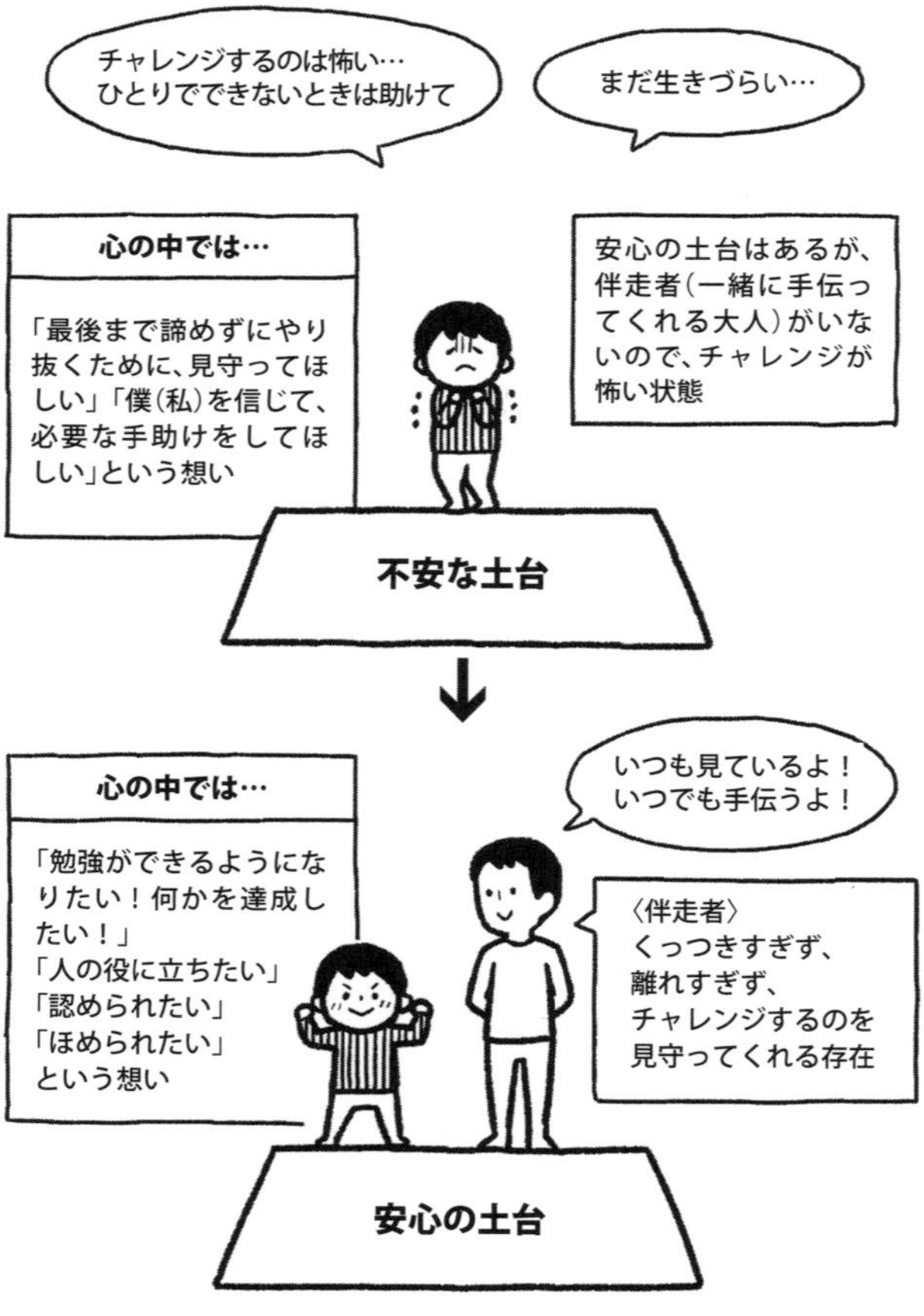
チャレンジするのは怖い…
ひとりでできないときは助けて
まだ生きづらい…
心の中では…
「最後まで諦めずにやり抜くために、見守ってほしい」「僕（私）を信じて、必要な手助けをしてほしい」という想い
安心の土台はあるが、伴走者（一緒に手伝ってくれる大人）がいないので、チャレンジが怖い状態
不安な土台
心の中では…
「勉強ができるようになりたい！何かを達成したい！」
「人の役に立ちたい」
「認められたい」
「ほめられたい」
という想い
いつも見ているよ！
いつでも手伝うよ！
〈伴走者〉
くっつきすぎず、
離れすぎず、
チャレンジするのを
見守ってくれる存在
安心の土台

「安心の土台」＋「伴走者」がいると、
子どもは安心して新しいことにチャレンジできる！

生きづらかった子ども自身が
次の世代を支える
「安心の土台」と「伴走者」に

子どもが大人になったとき、
自分自身が次の世代を支える
「安心の土台」と「伴走者」になる
安心の土台

そうは言っても保護者も不安……

しかし、そうは言っても、理想的な「安心の土台」や「伴走者」になるのはなかなか大変です。保護者自身も、安心の土台や伴走者がほしいといった状況ではないでしょうか。

「子どものことを誰かに聞いてほしい」「夫婦で話し合いたい」「信頼できる友人や先生に話したい」といったような気持ちが出てくるかもしれません。

そこには、保護者のこんな気持ちが渦巻いています。

罪悪感　「自分のせい？」「もっとがんばらないと……」「私の愛情不足？」

あせり　「うちの子だけなぜできないの？」「ほかの子はちゃんとできているのに……」

不安　「私にこの子を育てられる？」

恐れ　「この子が将来、犯罪者になったらどうしよう……」

怒り　「誰もわかってくれない。育てるのが難しい子どもなのに！」

保護者もまた、子どもと一緒で自信がありません。不安で保護者自身も生きづらく、困難な状況なのです。

そんなとき、次の3つのパターンのどれかをとりやすくなります。

①戦ってしまう………子どもに負けないように強く叱る、人のせいにする（子どもがこうなったのも〇〇のせいだ、など）
②逃げてしまう………気づかないふりをする、ほかのこと（仕事など）に没頭する
③固まってしまう……子どもの言いなりになる、甘やかす

みなさんはどれに近くなりますか？　よくあるのが、①の状況です。「子どもから馬鹿にされたように感じてしまった」「腹が立って、つい感情的になってしまった……」など、親なら何度も経験されることと思います。聖人でない限り、どの大人でもこの状態が必ずあります。

ではどうしたらいいのでしょう？　**実は特効薬はありません。今、自分は①〜③のいずれかの状態にあるかもしれない、と気づくことがスタートなのです。**

この本を手にとってくださって、なんとかしようと思っているみなさんは、自分自身を見つめ直す勇気のある方たちのはずです。

保護者だって自信がなく不安

この子の難しさは、私の子育ての問題と責められているような気がする……。
何かしてあげたいけど、仕事で忙しく関わる時間がない。妻から困った話ばかり聞いても何をしたらいいのかわからない………。
うちの子は３つとも特徴があてはまるから、早くトレーニングを始めたい！でも、子どもが全然言うことを聞いてくれない……。
子どもを大事に思っている。頭ではわかっているけど、暴れてたり、言うことを聞かない子どもにカッとなってしまって、どうしたらいいのか……。

生きづらい子どもを支えることは簡単ではなく、むしろなかなかうまくいかないのが当然です。そんなときは、

「ああ、自分もいま、困った状態にいる。こんな辛い状況だけど、この子の安心の土台と伴走者になろうとしている！」

と口にして言ってみてください。

生きづらい子どもを持つあなたにとっては、ほかの人の子育てがまぶしく見えるかもしれません。ほかの親がすばらしく見えるかもしれません。

手がかかってしまう子どもを育てていて、あせりや怒り、嫉妬を感じるのも当然です。

しかし、**子どもが生きづらい特性を持っているのは、あなたのせいではありません。**そしてそのことを難しく考える必要はないのです。

では、生きづらい子どもから見て、「支えてくれる大人」とはどんな大人でしょうか？

- **四六時中そばにいてくれる人？**
- **「大好き」と、何度も繰り返し言ってくれる人？**
- **なんでも願いを聞いてくれる人？？？**

実は、こんな大人を子どもは求めていません。

本当に求めているのは、生きづらく困っているときに支えてくれる「安心の土台」、チャレンジしたいときに見守ってくれる「伴走者」の存在なのです。

もう一度、繰り返します。保護者が子どもにプレゼントできるシンプルギフトは次の2つの役割です。

安心の土台、そして伴走者。

衣食住以外にこの2つがあれば、生きづらい子どもはチャレンジできる子どもに変わっていきます。

次から、ワークを使いながら、少しずつ子どもとの関係を整理していきましょう。

「安心の土台」と「伴走者」になるために

ここから一緒にワークを進めていきましょう。最初にチェックリスト（117ページ）でつけてもらった☑の項目を再度見て、思い出してください。

★☑をつけた項目を願うのはなぜでしょうか？

安心の土台ワーク

★現在、あなたのお子さんはどのような様子でしょうか？ ↓気づく

（例：朝からぐずぐずしている、不機嫌、すぐにキレる、弟や妹をいじめる、急にくっついてくる、など）

★お子さんは何に困っていそうですか？　↓観察する

（例：いつもうまくいかない、また失敗してしまった、感情が抑えられない、など）

★「困ったこと」は、いつ、どこで、どんな場面で、誰と見られますか？　↓観察する

（例：（わかる範囲で）放課後に、公園で、友だちと、トラブルになる、など）

★お子さんが持っている特徴として、「生きづらい子どもの3つの特徴」の中に当てはまることがありましたか？　あれば☑しましょう。　→観察する

□**認知力の弱さ（学習面）**……認知機能の問題。見たり聞いたり想像するのが苦手で、そもそも教育を受ける土台が弱い。勉強が苦手。

□**対人力の弱さ（対人関係）**……感情の問題（人の気持ちがわからない、すぐにキレる）、自己評価の問題（自分の問題点がわからない）、会話力の問題（基本的な人との接し方が苦手）、柔軟さの問題（融通が利かない、予想外のことに弱い）

□**身体力の弱さ（身体面）**……身体の使い方の問題（運動音痴、手先が不器用など）

★お子さんは困った状況のときどんな気持ちになっていると思いますか？　→観察する

（例：不安を感じている、怖がっている、怒っている、恥ずかしい、など）

★そんなとき、お子さんに、どんなふうに声をかけてあげたいですか？　↓応じる

（例：「腹立つね」「悲しかったね」「悔しかったね」「大丈夫だよ」など）

★お子さんの話をどのように聞いてあげたいですか？　↓応じる

（例：途中で口をはさまずに最後まで聞いてあげる、など）

伴走者ワーク

★現在、お子さんは何にチャレンジしようとしていますか？

（例：漢字を覚える、計算問題をする、友だちと仲良くする、縄跳びをする、25メートル泳ぐ、など）

★お子さんは何がうまくいっていないと思っているでしょうか？

★本人の特徴をわかってくれる大人はいますか？

★お子さんにどんな支援が必要だと思いますか？

★お子さんにどのような声をかけてあげたいですか？

もし、**子どもが生きづらく困っているように思えたら、まずは支えてくれる「安心の土台」が必要**です。土台がなければ、子どもは危ない人、よくない誘いや悪いことに引っかかってしまい、「仮の安心」を得ようとします。

次に、**子どもがチャレンジしようとしていたら、見守ってくれる「伴走者」が必要**です。「ずっと見ているよ」「必要なときはいつでも手伝ってあげる」と伝えましょう。

最後に「安心の土台」と「伴走者」になるための注意点を記します。

- **大人自身も「安心の土台」をしっかり持つ**
- **「伴走者」は子どもに近づきすぎず、離れすぎず**

では、次のチャプターで子どもと「コグトレ」にチャレンジしていきましょう！

CHAPTER 4のまとめ

☑ 非行少年が「変わろうとしたきっかけ」を知ることは、生きづらい子どもをサポートするヒントになる。

☑ 生きづらい子どもに大人がしてあげられる、最も大切な２つのことは、「安心の土台」になることと「伴走者」の存在になること。

☑「安心の土台」と「伴走者」を得た子どもは、新しいことにチャレンジできるようになる。

CHAPTER 5

子どもと一緒にコグトレを始めよう！

コグトレを通して具体的にチャレンジしていく

このチャプターでは、現在の子どものいる環境のなかで、実際にコグトレを使って「チャレンジ」していきましょう。

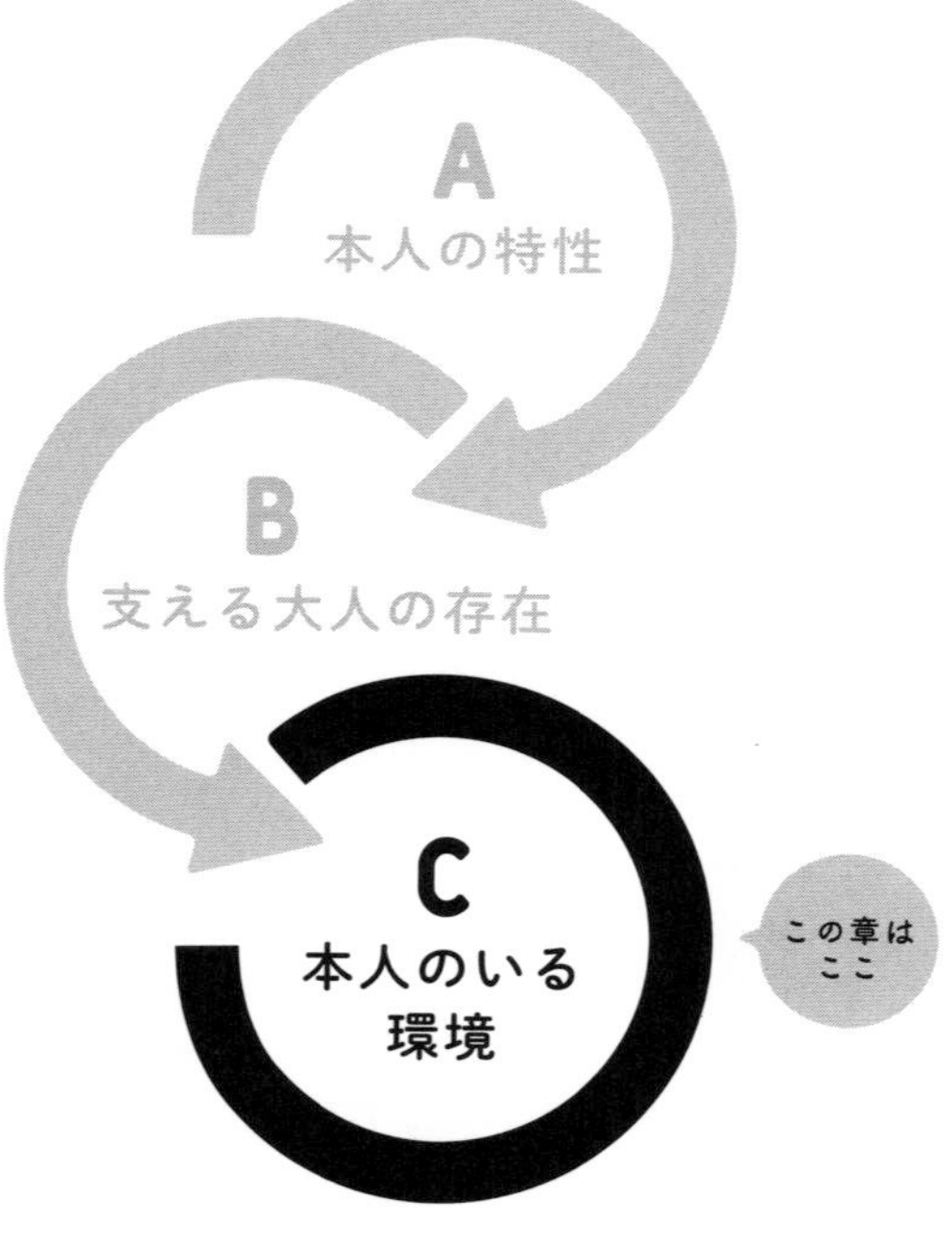

お子さんのいまの状態を確認してみましょう

あなたがお子さん（もしくは気になる子ども）と何か一緒にチャレンジするときに気をつけていることはなんでしょうか。当てはまる項目に☑してみましょう。

- □見通しを立てている（終わりを明確にしている）
- □できなくても子どもを否定しない、叱らない
- □見守ってあげる
- □少し助けてあげる
- □できなくてもあせらずに待つ
- □好ましくないと感じればいつでもやめる
- □できたことを認める
- □楽しくできるよう工夫している
- □子どもがやりたいことを、できるよう工夫している
- □子どもがワクワクするよう工夫している

ここで挙げたのは「子どもの伴走者」になるために必要な項目です。1つもチェックがつかなかった方は、お子さんのやる気を奪っている可能性が高いかもしれません。コグトレを実践する際には、できるだけ、このチェックリストの項目を意識するようにしてみましょう。

コグトレを行なうための準備

コグトレで「認知力」を高めよう

コグトレとは、「認知機能に特化したトレーニング」で、Cognitive（コグニティブ）Training（トレーニング）の頭文字をとったものです。

コグトレには、目的別に次の３つのトレーニングがあります。

1 認知機能強化トレーニング（→学習面）Cognitive Enhancement Training: COGET

2 認知ソーシャルトレーニング（→社会面）Cognitive Social Training :COGST

3 認知作業トレーニング（→身体面）Cognitive Occupational Training: COGOT

これらは、学校や社会で困らないために必要な3つの面（社会面、学習面、身体面）

を改善・強化し、子どもを支援するための包括的プログラムです。

前述の通り、少年院で「認知機能が弱く、生きづらい」非行少年たちに大きな効果を発揮し、更生の手助けとなってきましたが、現在では、全国の小・中学校を中心に多くの教育機関で取り入れられ、数万人の子どもたちに届いています。

私が見てきた非行少年たちのなかでも、とくに奇跡的な変化を見せてくれたのは、入所時にＩＱ50程度だった少年です。いつも、ほとんど会話が通じずにボーッとした感じだったのですが、コグトレにハマり、ＩＱ相当の認知検査で90まで上がって、まったくと言っていいほどの別人になりました。少年院での運動会でも少年院生を代表してあいさつし、「将来は大学に行きたい」と言うまでになったのです。

ほかにも、

「コグトレをやったら、論理的に考える習慣がついた。いつまでもメソメソしていたらダメだとわかった」（いつも泣いていた少年。その後、別人のようにしっかりした）

「少年院に来るまでは、勤務先の建設現場で叱られて、いつも1カ月くらいで辞めていた。少年院でコグトレを受けてから社会に出てみたら、建設現場の親方から『お前、記憶力いいな』とほめられることが増え、仕事が長続きした」

「『違った考えをしよう』シートを毎週1回4カ月続けてみたら、まったくキレなくなった。キレる前に、『ひょっとして、自分の勘違いでは……』と考えられるようになった」(いつもキレては、大暴れしていた少年)

など、コグトレによって目覚ましい変化を見せてくれた少年たちがいました。

コグトレの前に、あなた自身の考えを振り返ろう

これからコグトレのやり方を紹介していきますが、始める前に注意点を述べます。これらはコグトレのみならず、子どもと一緒に何かチャレンジする際にぜひ考えてみましょう。子どもを見ている方の考えや態度が、チャレンジの結果に強く作用するためです。

まず、次の2点について、あなた自身のことを考えてみてください。

- **子どもの頃、勉強をしているときに親にしてほしくなかったことはなんですか?**
- **逆に、親にしてほしかったことはなんですか?**

大人に叱責されると、意気消沈するのがふつうの反応かと思います。ただ、みなさんの中には、「大人に叱責されることでやる気が出た！」という方もいるかもしれません。

しかし、大人になったいまでも、叱られてやる気が出るでしょうか？　安心して何かに取り組めるでしょうか？

やはり人は応援してもらい、認められることでやる気の原動力につながると感じます。

今度は、私たちがかつて親に求めていた「安心の環境」を、いま生きづらいと思っている子どもたちにも作ってあげましょう。

始める前に、次の５つのこともシミュレーションしておきましょう。

①なぜ始めるのか、それをどう子どもに説明しますか？
②子どもはそれに対してどんな気持ちになると思いますか？
③子どもはどうなりたいと考えていると感じますか？
④コグトレをやることで、子どもにはどんなメリットがありますか？
⑤あなたはどのように子どもの伴走をしますか？

ここで注意していただきたいのは、子どものペースを確認せずに、大人のペースだけで進めてしまうことです。

子どもに過剰な期待をかけて無理強いしないよう、しっかりそれぞれの子どものペースを見ながら進めていきましょう。

コグトレは、続けていくことで効果が見えてきます。「認知機能」を高めるためには、続けられなければ意味がありません。

コグトレが続くポイントは次の通りです。進める際に気をつけてみてください。

- 長時間やらない（子どもがやりたいと言っても、せいぜい20分まででOK）
- 強制的にやらせない
- できなくても、やらなくても叱らない→NG例「何でできないの!?」
- ほかの子と比較しない→NG例「○○君は、ちゃんとやっているのに！」
- ほどほどでOK（正答数や実施数などで高い目標を目指さない）

Q&A 教えて！宮口先生

Q3 コグトレを実施できる年齢の目安を教えてください。

A コグトレは幼児（未就学児）から高校生まで幅広く使用できるよう、難易度を調整して用意されています。巻末（234ページ）には代表的なテキストを紹介しました。お子さんの年齢に応じて、活用してみてください。

Q4 コグトレはいつから始めればいいの？気軽に始めてしまってもよい？

A Q1（39ページ）と同様、子どもが「不器用で、困っているのかな？」といった兆候を感じたら、コグトレについて、まずは学校の先生に相談してみましょう。もし納得がいかない、不安が残る対応でしたら、発達を専門にしている児童精神科医・小児科医に相談されるか、日本COG-TR学会ホームページ（http://cog-tr.net）に掲載されているお近くの地方コグトレ研究会に相談してみましょう。

理解する力とやさしい心を育てる　1日5分の「コグトレ」

ではここから実際にワークシート使って認知力、対人力、身体力をアップさせるトレーニング、コグトレをしていきましょう。

トレーニングは大きく分けて3つのワークからなります（次ページ一覧も参照）。ワークは延べ120回分からなります。これは、子どもに無理のないよう1日1回5分、約3カ月行なってコグトレをひと通り学び、生きづらい子どもの認知力・対人力・身体力が向上できるように作られています。

認知力アップ：60回分（1日2回分実施して30日分）
対人力アップ：30回分（1日1回分実施して30日分）
身体力アップ：30回分（1日1回分実施して30日分）

各ワークシートは、235ページのURLからダウンロードできますので、A4用紙に印刷してご活用ください。さらにコグトレをさせてみたいと思われたときは、巻末（234ページ）におすすめのテキストを掲載しましたので、ご参照ください。

コグトレワークシート一覧

「認知力」アップのワーク

聞く力をつける①　最初とポン〈-1-15〉
聞く力をつける②　何が一番〈-1-15〉
集中力をつける①　まとめる〈-1-3〉
集中力をつける②　リンゴを数えよう〈❶～❷ -1-3〉
集中力をつける③　さがし算〈❶～❸ -1-2〉
観察力をつける①　点つなぎ〈-1-3〉
観察力をつける②　形さがし〈-1-3〉
観察力をつける③　同じ絵はどれ?〈-1-3〉
論理性をつける①　スタンプ〈-1-3〉
論理性をつける②　順位決定戦〈-1-3〉

「対人力」アップのワーク

自分を知る①　山あり谷ありマップ〈-1-3〉
自分を知る②　時間差日記
感情コントロール①　この人たちはどんな気持ち?〈-1-2〉
感情コントロール②　違った考えをしよう
感情コントロール③　悩み相談〈-1-2〉
危険察知　どこが危ない?〈-1-2〉
対人マナー　頼み方・謝り方・断り方〈-1-2〉
問題解決力①　問題を解決しよう(結果が決まっているケース)〈-1-2〉
問題解決力②　問題を解決しよう(次からどうする?)
問題解決力③　問題を解決しよう(結果が決まっていないケース)〈-1-2〉

「身体力」アップのワーク

ボディイメージの向上①　棒回し
ボディイメージの向上②　棒渡し
ボディイメージの向上③　片足立ち
協調運動(粗大)①　棒回転
協調運動(粗大)②　棒キャッチ
協調運動(微小)①　テニスボール積み
協調運動(微小)②　つまようじ積み
協調運動(微小)③　折り紙ちぎり
身体模倣①　静止模倣
身体模倣②　時間差模倣

「認知力」アップのワーク

最初にご紹介するのが「認知力」アップのコグトレです。チャプター2でもご説明した通り、認知機能とは、記憶、知覚、注意、言語理解、判断・推論といったいくつかの要素が含まれた知的機能を指します。

認知機能の向上は学習の力を高めるだけでなく、人に関心を向ける、人の気持ちを考える、人と会話する、計画を立てる、困った問題を解決していく……といった子どもの生活に必要な基本的な力の向上にもつながります。

ここでは認知機能のうち、より基礎的な「知覚」「注意」「判断・推論」の力をつけるために「見る」「聞く」「集中する」「想像する」といった方面からトレーニングを行なっていきます。

具体的には、次の5つの「分野」、計10種類の「課題」です。A～Eのうち、毎回Aには取り組み（計30回分）、別にB～Eのトレーニングを組み合わせて行ないます。

【分野】	【課題】
A 聞く力をつける	「最初とポン」「何が一番」
B 集中力をつける	「まとめる」「リンゴを数えよう」
C スピードを上げる	「さがし算」
D 観察力をつける	「点つなぎ」「形さがし」「違いはどこ？」
E 論理性をつける	「スタンプ」「順位決定戦」

ここから紹介するコグトレは、解答例を載せています。実際に使用される際には、235ページからダウンロードし、A4用紙に印刷してご使用ください。

なお、このトレーニングは『コグトレ　みる、きく、想像するための認知機能強化トレーニング』（三輪書店）から厳選し、作り直したものです。このトレーニングをもっと時間をかけて行ないたい場合は、そちらも並行してお使いください。

「認知力」アップのワーク

聞く力をつける①　最初とポン〈-1-15〉

ねらい

人の話を注意・集中して、しっかり聞く力を養う。

進め方

大人が左に挙げた短い文章を３つ読み、子どもに聞いてもらう。そのうち、それぞれの文章の最初の単語だけを覚えてもらい、あとでそれがなんという単語だったのかを答えてもらう。

ただし、文章の途中で動物の名前（サンプルの下線部）が出たときは手を叩いてもらう。答えはサンプルの白字。1回につき、2セットずつある。ほかのトレーニングと並行して、毎回取り組む。解答用紙はなんでもよい。

ポイント

・手を叩く代わりに、目を閉じさせ、手を上げてもよい。

・最初の言葉については、厳密な決まりはなく、たくさん答える分には内容が一致していれば正解とする。たとえば、1問目なら「小さな池」でも可。

留意点

「最初とポン」は子どもの年齢やレベルに応じて、３つの文章を２つに減らすなど調整してもＯＫ。

最初とポン

いまから３つの文章を読みます。それぞれの文章の最初の単語だけを覚えてください。そして動物の名前が出たら、手を叩いてください。３つの文章を読み終えたら、覚えた３つの単語を解答用紙に書いてください。（白字が答え。下線部が動物の名前）

1

小さな池でクマが水浴びをしています。
池の向こう側でウサギが眠っています。
黄色いインコが飛んできました。

2

雨が降ってきたのでカラスは山へ帰りました。
フクロウが巣の中で眠たそうにしています。
草むらで親子のキツネが遊んでいます。

「認知力」アップのワーク

聞く力をつける② 何が一番？〈-1-15〉

ねらい

授業中の先生の話、人の話を注意・集中してしっかり聞く力を養う。

進め方

問題文をゆっくり読み上げ、どれが答えなのか考えてもらう。1回につき1題行なう。ほかのトレーニングと並行して、毎回取り組む（計15回分）。解答用紙はなんでもよい。

ポイント

・頭の中で映像をイメージする、手を使って覚えておくなど、本人に合った理解で覚える工夫を身につけてもらう。

・子どものレベルに合わせて、1回だけでなく何回か読んであげる。

留意点

わかりにくければ、紙に図示して説明する、わかるまで読む、などしてあげる。

何が一番？

いまから問題を出すので、何が一番なのかを考えてください。
そして答えを解答用紙に書いてください。

1 パンが3つあります。
ジャムパンはクリームパンより人気です。
クリームパンはアンパンより人気です。
一番人気のパンは何ですか？

答え（ ジャムパン ）

2 くだものが3個あります。
リンゴはブドウよりも安いです。
ナシはリンゴよりも安いです。
一番安い果物は何ですか？

答え（ ナシ ）

「認知力」アップのワーク

集中力をつける① まとめる〈-1-3〉

ねらい

数をかたまり（量）としてまとめることで数の感覚を養う。

進め方

リンゴを4～6個ずつ〇で囲ませる。囲んだらその〇の数と、リンゴの数の合計を下の（　　）に書いてもらう。

ポイント

・時間を気にせず、ゆっくり確実に〇で囲むように伝える。

・リンゴを１つずつ数えて囲むのではなく、4～6個のかたまりを見つけてから囲むように伝える。

・〇で囲めない余りのリンゴもあるが、それは囲まないで置いておく。

留意点

・リンゴの総数が多くて数えられない場合は、〇の数だけ数えて下に書いてもらう。

・かけ算の九九を知っている子どもは〇の数に4～6をかけて、リンゴの総数を出してもよい。

・リンゴを囲む際に１つずつリンゴを数えていれば、2個ずつ囲む、 3個ずつ囲むなど、囲む数を減らしてみて、何個からかたまりで見ているかを確認し、できる数から始める。

まとめる-1

リンゴを４個ずつ○で囲みながら、○とリンゴの数を数えて下の（　　）に書きましょう。

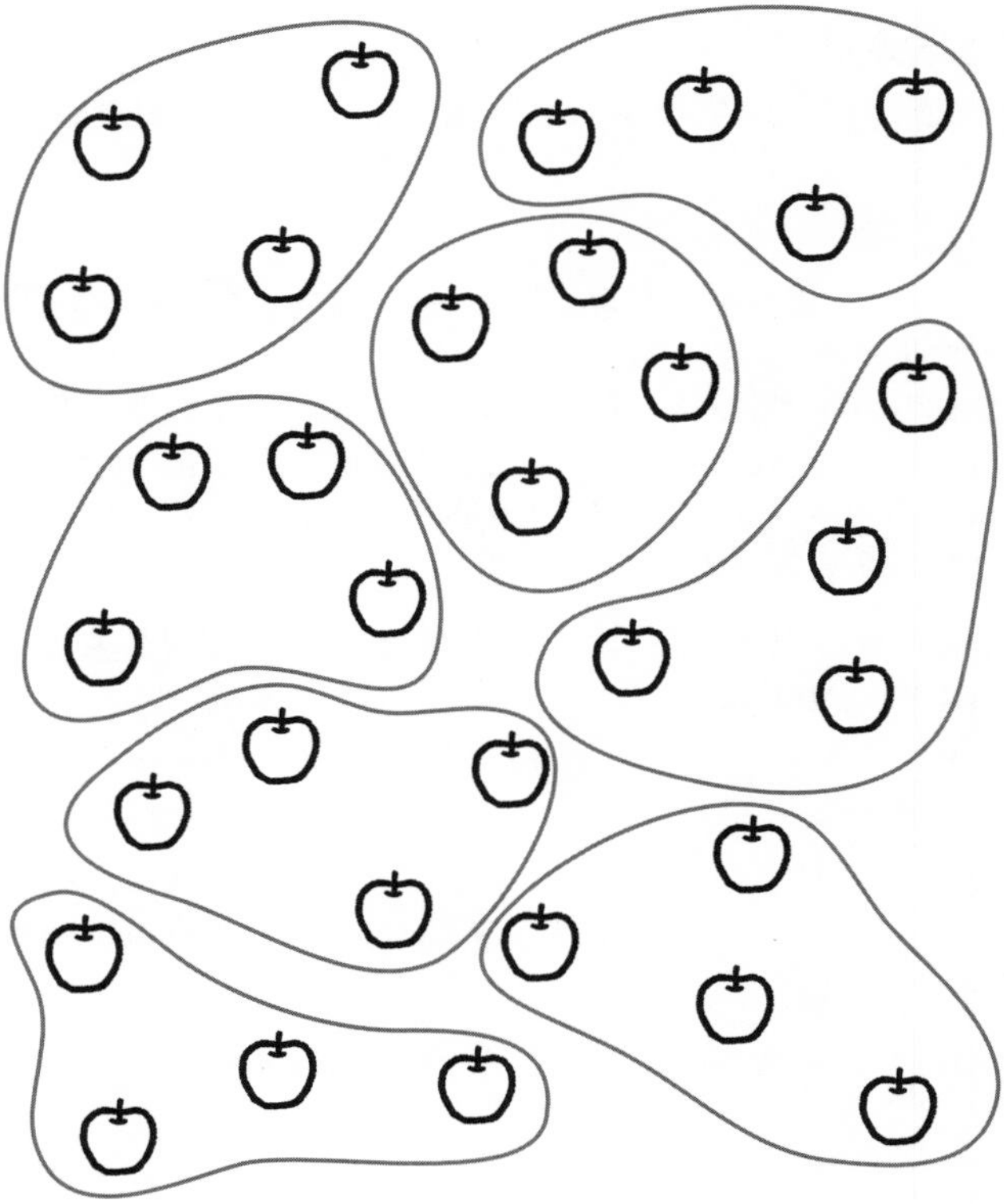

○は（　8　）個、リンゴは（　32　）個

「認知力」アップのワーク

集中力をつける②
リンゴを数えよう〈❶〜❷-1-3〉

ねらい

注意・集中力、ブレーキをかける力、自己管理力を養う。

進め方

① まず、「目標時間」を書く。スタートの合図でリンゴの数を数えながらリンゴに✓をつけてもらう。数え終わったら個数を下の欄に記入し、手を挙げさせて、かかった時間を伝える。時間は「今回の時間」の欄に記入する。その後、目標時間が適切であったかとその理由や感想を聞いてみる。時間の上限は5分とする。

② ①と同様に進めるが、リンゴの横に害虫があるときは、数えず、✓もしない。

ポイント

・スピードよりも、ルールに注意して慎重に取り組む力をつけさせる。リンゴの数が間違っていたら、どこが間違っていたか確認させる。

・目標時間と結果を比べることで、自己管理する力を養う。

留意点

・すべてのリンゴをチェックしてあとから数えるのではなく、リンゴの数を数えながらチェックすることに注意する。

リンゴを数えよう❷-1

リンゴの数を数えながら、できるだけ速くリンゴに✓をつけましょう。

目標時間（ 2 ）分（ 0 ）秒　今回の時間（ 1 ）分（50）秒

リンゴは（ 25 ）個

「認知力」アップのワーク

集中力をつける③
さがし算〈❶〜❸-1-2〉

ねらい

計算や思考スピードを速くするとともに、暗算力や計画力も養う。

進め方

点線でつながれた縦、横、斜めの隣り合った２つの数字を足すとある数字になるものを探してその２つの数字を〇で囲んでいく。答えは１つ、もしくは２つ、３つある。

ポイント

・行き当たりばったりで探すのではなく、探す方向を上の列から順に、左から右の方向に探すと効率的。

・探す数より大きい数字は飛ばす、足しても探す数に絶対足りない数字は飛ばすなど、効率よく探す方法を工夫してみる。

留意点

・うまく探すためには、すばやく暗算する力、数字を記憶しながら計算していく力、効率よく探す力などが必要だが、解き方に慣れるまでは時間をかけて取り組んでもらう。

さがし算❶-1

□の中のタテ、ヨコ、ナナメのとなりあった２つの数字を足すと、10になるものが１つだけあります。それを探して○で囲みましょう。

2	3	2
7	5	4
4	7	9

4	7	4
5	4	7
6	8	1

4	7	4
7	5	1
6	2	5

3	2	7
4	8	4
5	4	3

6	5	3
1	2	9
4	1	7

4	5	3
8	3	2
5	5	6

5	6	7
6	2	5
2	4	9

6	3	2
2	5	3
6	7	4

3	5	6
4	3	2
2	6	9

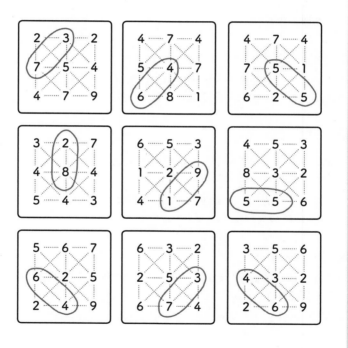

「認知力」アップのワーク

観察力をつける①　点つなぎ〈-1-3〉

ねらい

ものを正確に写す力といった視覚認知の基礎力を向上させ、ひらがなや漢字の形態を正しく認識する力、視覚と手先運動との連動性、手先の器用さなどを養う。

進め方

上段の見本を見ながら、斜め下段の四角（真下の四角ではないので注意する）に写す。定規は使わず、フリーハンドで行なう。

ポイント

・点と点を結ぶ線がゆがんでいても、正しくつなごうとしていることがわかれば正解とする。

・できるだけ消しゴムを使わずに、最初から正確に書いてみるよう、 注意をうながす。

留意点

・正確に写せていなければ、すぐに正解を教えるのではなく、どこが間違っているのかを本人に見つけさせる。

・3回取り組ませ、それでも見つけられなければ正解を教え、後日再チャレンジさせる。

点つなぎ-1

上の絵と同じように点をつないで斜め下に写しましょう。

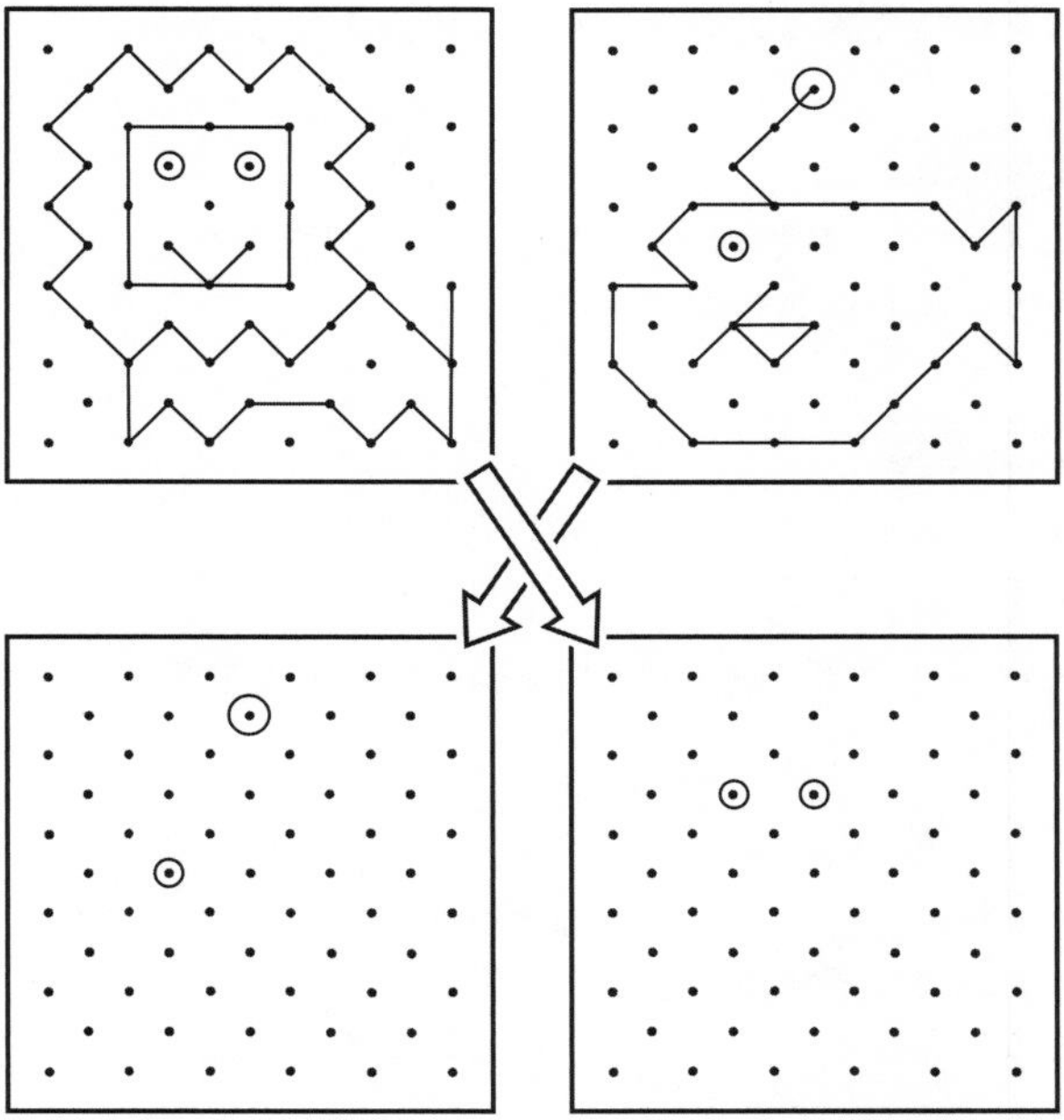

「認知力」アップのワーク

観察力をつける②　形さがし〈-1-3〉

ねらい

不規則に並んだ点のなかから、ある特定の形を見つけることで形の輪郭《りんかく》を認識できる力や形の恒常性の力を養う。

進め方

上に示された形（四角形・三角形）の輪郭をかたどった点配列を下の点の中から探し、線で結ぶ。

ポイント

・対象となる配列の個数が問題に書いてあるので、すべて見つかるまで探してもらう。

・わかりにくければ、最初の１つを線で結んで見本を見せてあげる。

留意点

・ターゲットの形がほとんど見つけられず、この課題が難しいようであれば、黒板を写したりすることも困難になることが推測される。もっとやさしい課題から取り組ませる。

形さがし-1

下の中に  が10組あります。 それらを見つけて  のように線でむすびましょう。

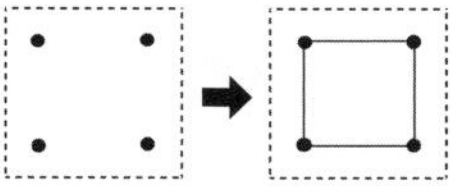

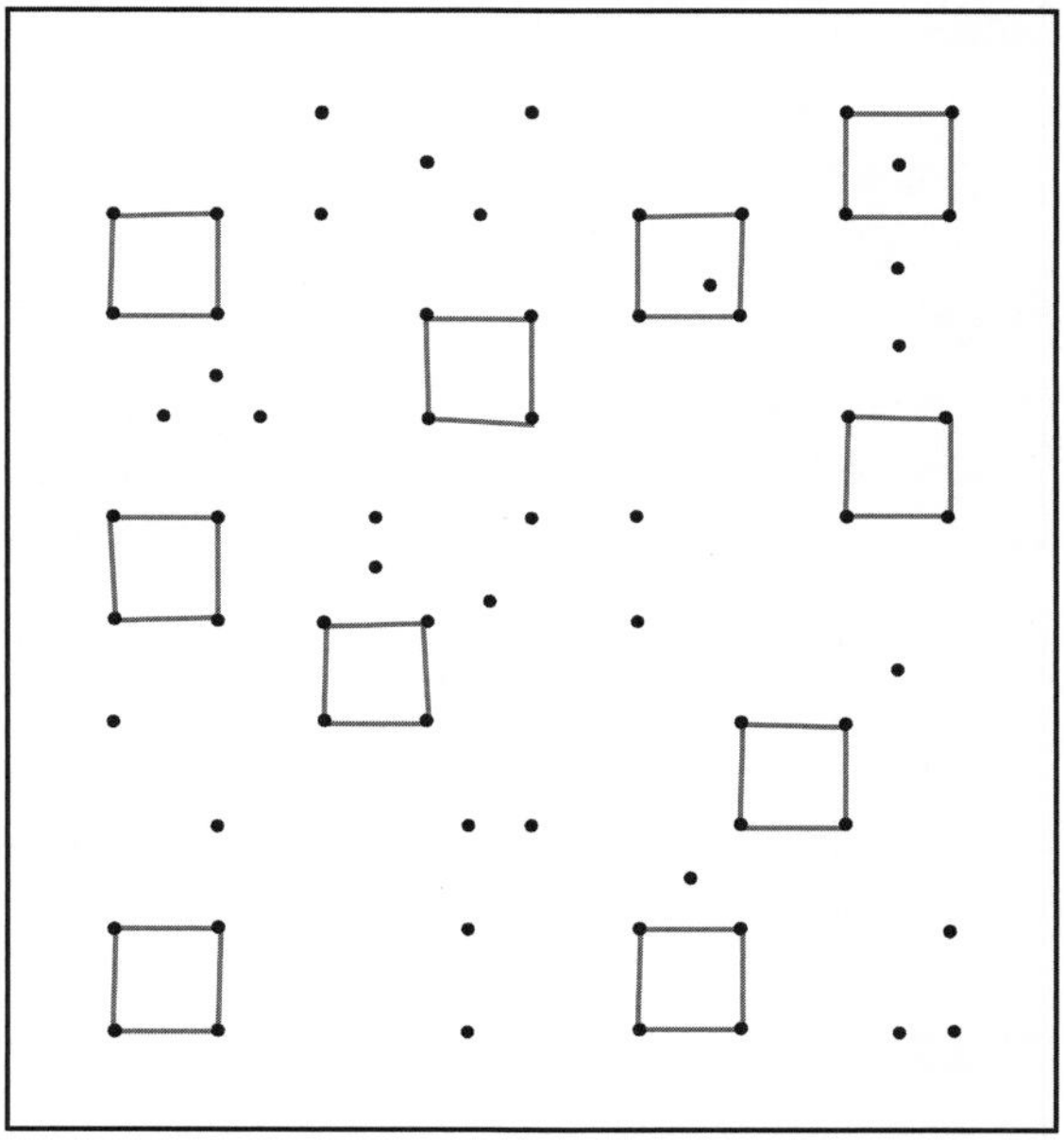

「認知力」アップのワーク

観察力をつける③　同じ絵はどれ？〈-1-3〉

ねらい

複数の絵の中から2枚の同じ絵を見つけ出すことで、視覚情報の共通点や相違点を把握する力、観察力を養う。

進め方

複数の絵の中にまったく同じ絵が２枚ある。その２枚を見つけ、（　　　）に番号を書いてもらう。

ポイント

・ある2枚の絵を比べ、その中で１つの違いを見つけると、少なくともどちらかの絵が間違っていることになる。さらに、それぞれの2枚がほかの絵と違いはないかという具合に順に比べるとよい。

・最初に明らかに違う絵を見つけ、×をつけて、見つける対象となる絵をいかに絞っていけるかがポイント。

・ほかの絵と異なる箇所を○で囲んでいくと、候補を減らすことができ、より選びやすくなる。

留意点

・最初から正解の2枚を見つけようとすると、混乱して時間がかかる。効率よく探すにはどうすればいいか、最初に作戦を考えさせてもよい。

同じ絵はどれ？

下の9枚の絵の中にまったく同じ絵が2枚あります。その2枚を探して下の（　　）に番号を書きましょう。

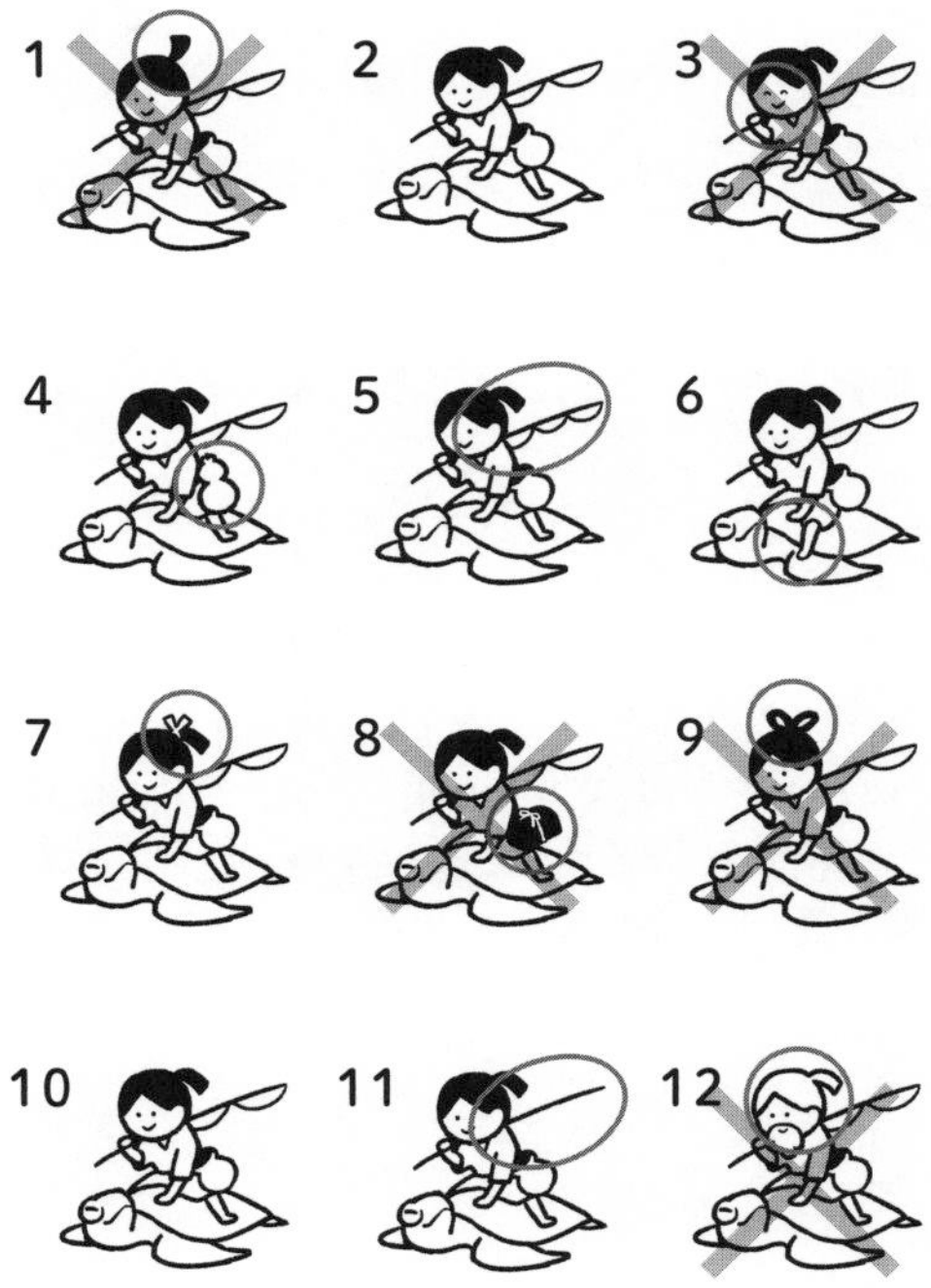

答え（　2　）と（　10　）

「認知力」アップのワーク

論理性をつける①　スタンプ〈-1-3〉

ねらい

スタンプを押すとどうなるかを考えることで、鏡像をイメージする力や見えないものを想像する力、論理性を養う。

進め方

上のスタンプを押すと、下のうちどの「スタンプ（押しあと）」になるかを想像して（　　）に正しい番号を書く。

ポイント

・選択肢の中から、明らかに違うと思われる絵に×をつけて消していくと考えやすくなる。

・スタンプ（押しあと）は、もとの図（スタンプの裏面）の鏡像（左右反転した絵柄）になるので、難しければ、上のスタンプの横に実際に鏡を置いて形を確認させる。

スタンプ-1

A、B、Cはスタンプの印面です。押したときどの絵になるかⅠ～9から選びましょう。

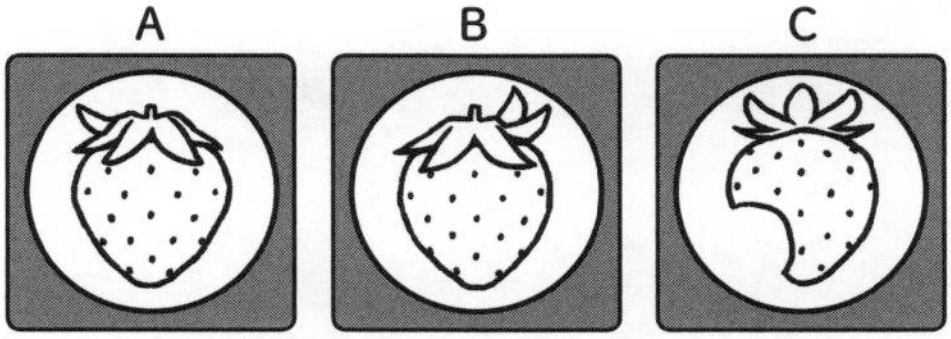

答え（ 6 ）　答え（ 1 ）　答え（ 8 ）

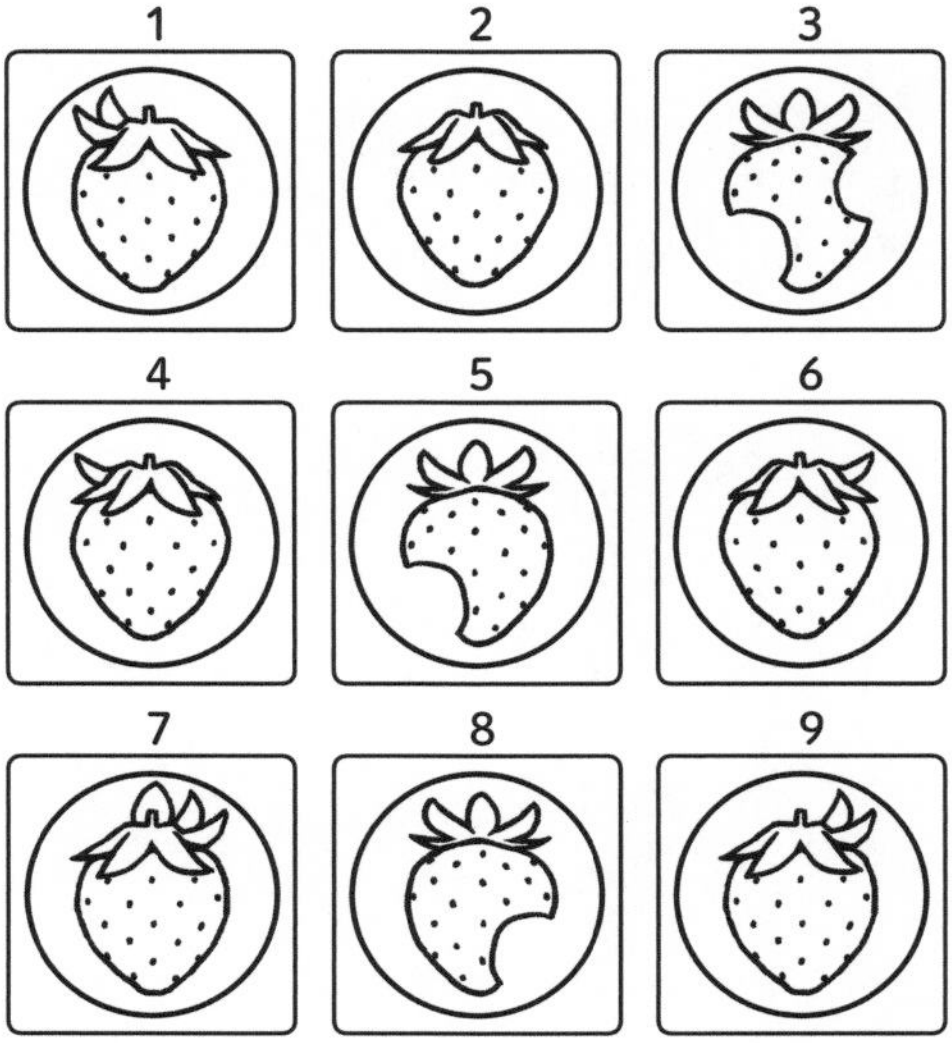

「認知力」アップのワーク

論理性をつける②　順位決定戦〈-1-3〉

ねらい

複数の関係性を比較し、理解する力を養う。

進め方

動物たちがかけっこした結果が、表彰台の順位となっている。それらの結果から動物たちの総合順位を考え、下の（　　）にそれぞれの順位を書いていく。

ポイント

・まず、全体で一番速い動物を見つけるのがポイント。その次は二番目、その次は三番目……と順に探していくと見つけやすくなる。

順位決定戦-1

動物たちがかけっこをしました。表彰台の順位から考えて、かけっこが速い順番に番号をつけましょう。

(3)　(2)　(1)

(1)　(2)　(3)

「対人力」アップのワーク

対人関係の失敗は、子どもにとってとても大きなストレスになります。**対人関係がうまくいかないと学校生活や日常生活でトラブルを起こしがちになり、子どもの生きづらさにつながっていく**ことは、すでに述べた通りです。

ここでは、そこで挙げた自己評価の問題、感情の問題、会話力の問題、柔軟性の問題に対応したトレーニングを紹介しています。

自己評価の問題には、これまでの自分を振り返り、過去と未来の自分と手紙交換をしながら自分のことを気づかせるトレーニングを行ないます（↓A　自分を知る）。

感情の問題には、人の気持ち、自分の気持ち、友だちの相談に乗るという順序で無理なく段階的に感情のトレーニングをしていきます（↓B　感情コントロール）。

危険察知は、子どもたち自身が自分の身を自分で守るために、事前にさまざまな危険を察知できるようトレーニングしていきます（↓C　危険察知）。

会話力の問題には、対人スキルの基礎となる対人マナー力（頼む、謝罪する、断る）

の向上を目的としたトレーニングを行なっていきます（↓D　対人マナー）。

柔軟性の問題には、何か問題が生じた際に、複数の解決策を挙げながら、自分で問題を柔軟に解決できるようトレーニングしていきます（↓E　問題解決力）。

A～Eの「分野」は、さらに次の「課題」から構成されています。

【分野】	【課題】
A　自分を知る	「山あり谷ありマップ」「時間差日記」
B　感情コントロール	「この人たちはどんな気持ち？」「違った考え方をしよう」「悩み相談」
C　危険察知	「どこが危ない？」
D　対人マナー	「頼み方、謝り方、断り方」
E　問題解決力	「問題を解決しよう（結果が決まっているケース）（次からどうする？）」「問題を解決しよう（結果が決まっていないケース）」

さっそく詳しい内容を紹介していきます。

「対人力」アップのワーク

自分を知る①　山あり谷ありマップ〈-1-3〉

ねらい

これまでのさまざまな体験を客観的に見て、意味づける力を養う。

進め方

ある期間の人生マップを描いていく。縦軸は上方向によかったこと、下方向に悪かったこと、横軸は左から右に流れる時間を表す。時間は、「生まれてからいままで」「1週間を振り返って」「1カ月を振り返って」の3ブロックに分かれる。よかったことは山、悪かったことは谷として描き、いつ、何があったかも書いてもらう。

ポイント

・描いたシートは大人が預かること。時間が経つにつれ、以前に描いた山や谷だったことがなくなったり、新たな山、谷が出現したりすることがあり、心の変化が視覚化されて、子ども自身にもわかる。

・横軸の目盛りは子どもが自由につける。子どもにとって重要なところは広くなる傾向があり、それも支援のヒントになる。

留意点

・以前のマップに影響されないよう、過去のマップは見せないようにする。

山あり谷ありマップ（生まれてからいままで）

下の例のように、よかったことは山、悪かったことは谷として描き、いつ、何があったかも書いてみましょう。

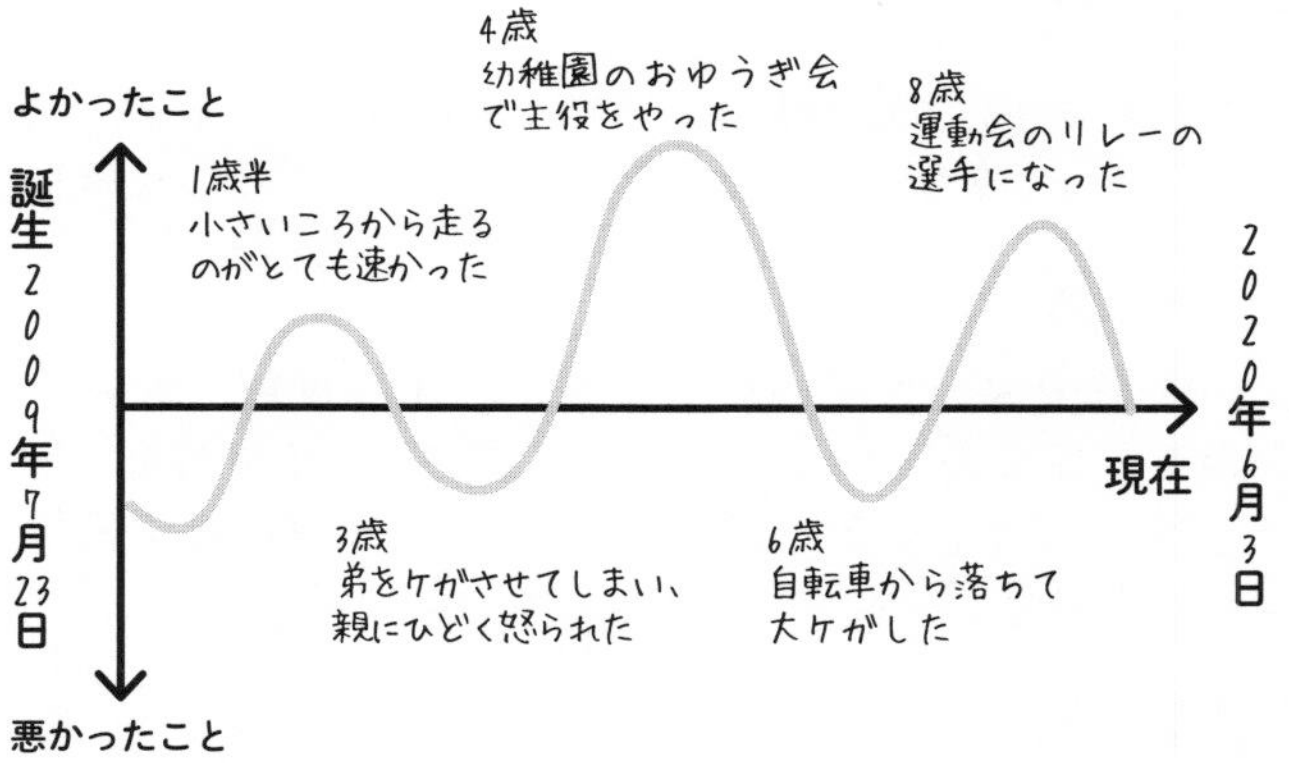

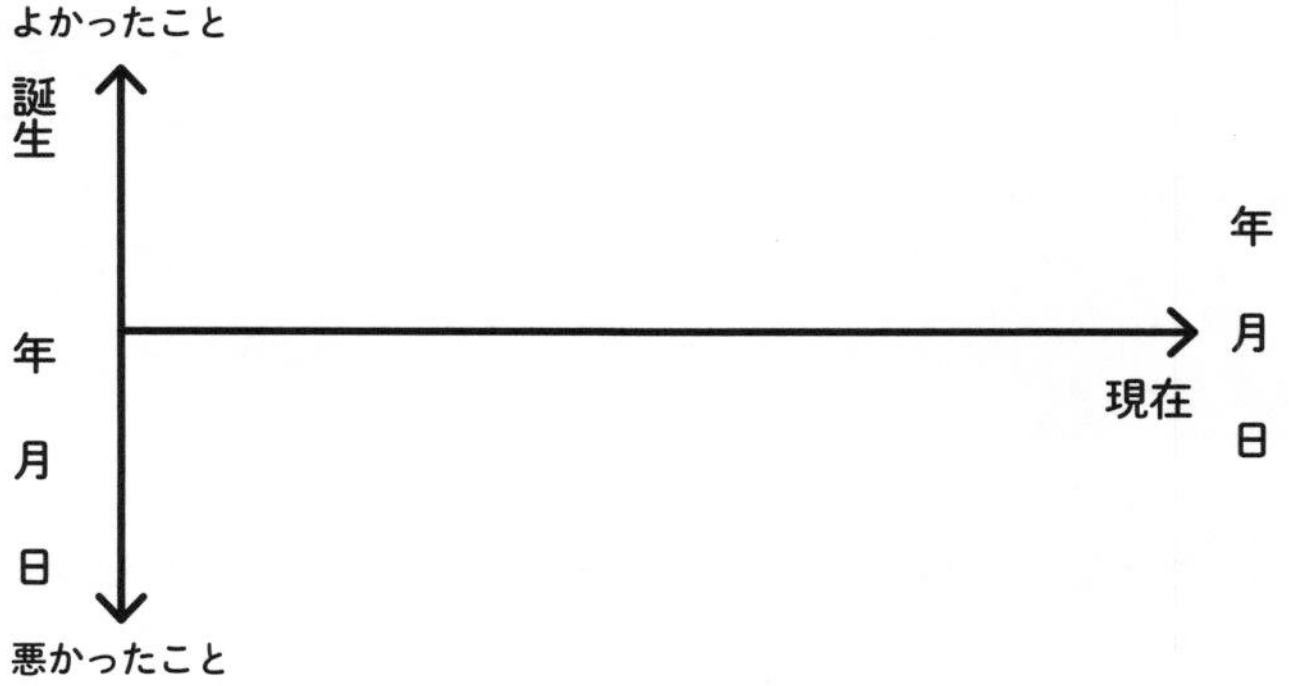

「対人力」アップのワーク

自分を知る② 時間差日記

ねらい

先のことを予想して目標を立て、結果を振り返り、目標の立て方がどうであったかなど、自分でフィードバックする力を養う。

進め方

まず、1週間後の自分に手紙を書く。1週間経ったら、1週間前の自分からの手紙に返事を書く。さらに1週間後も同様にする。こうすることで、過去の自分と未来の自分で手紙交換をしていく。

ポイント

・書いた手紙は、いったん大人が預かっておく（自分で書いた目標や手紙の内容を、普段の生活で意識させないため）。1週間経ったときに渡して読み返してもらい、過去の自分に手紙を書いてもらう。

・未来や過去の自分を、あたかも友だちのような感じで想像してもらい、手紙を書いてもらうとよい。

留意点

・このワークはあくまで自己を知るためのきっかけ作りなので、はじめに立てる目標がかなり実現困難に見えるものであっても、指摘することは避ける。

時間差日記

1週間後の自分に手紙を書いてみましょう。1週間経ったら1週間前の自分と、さらに1週間後の自分に手紙を書いてみましょう。

未来　1週間後の僕・私へ　（2020年　5 月　22日）

＜目標＞

早起きして勉強をがんばった。
親からもほめられている。

過去　1週間前の僕・私へ　（2020年　5 月　29日）

1回も起きられなかった。
無理な目標は立てないほうがいいよ。

「対人力」アップのワーク

感情コントロール①
この人たちはどんな気持ち？〈-1-2〉

ねらい

他者（複数）の表情・状況を読みとって、表現する力を養う。

進め方

シートにあるイラストを見て、その人たちはそれぞれ「どんな気持ちか？」「いったい何があったのか？」を想像してシートに書いてもらう。また、なぜそう感じたのか、理由も答えてもらう。

ポイント

・シートの中の人たちの視線はどこに向けられているのか、そしてどのような表情をしているのか、まずそこを確かめてから考えてもらう。

・学校では子どもたちは複数でいることが多く、瞬時に複数の同級生の感情や状況を読み取り、適切に対応していかなければならない。同級生の気持ちや、状況を想像しながら練習する。

留意点

1人の気持ちを想像するのとは違って、複数の人たちの感情を想像するのは、それぞれの関係性を考える必要もあり、とても難しい。これらに正解はないので、いろいろな状況を想像してもらい、他者の気持ちを考えさせてみよう。

この人たちはどんな気持ち？

下の人たちは今、どんな気持ちでしょうか？　いったい何があったのでしょうか？　想像して💭に気持ちを、▢に何があったのか想像して書きましょう。

実はこんな
ことがあって……

2人から
好きと
言われて

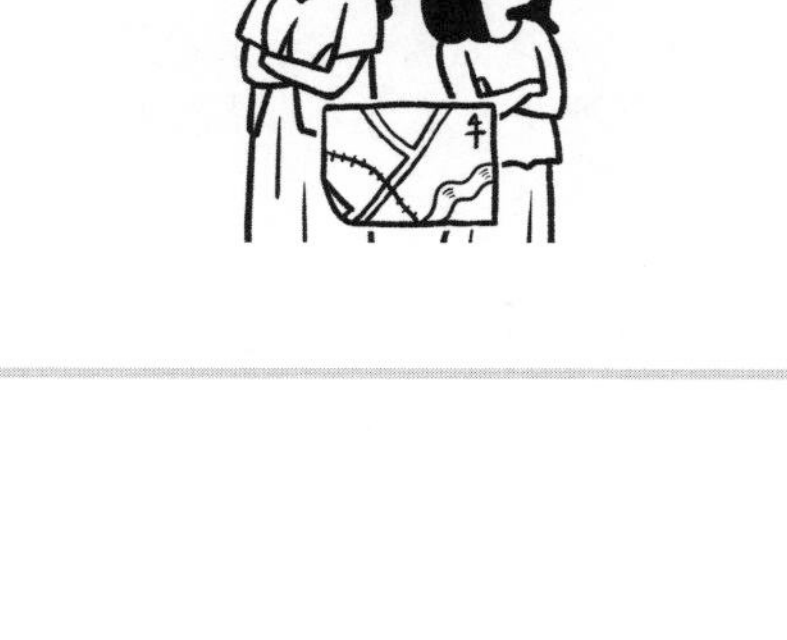

実はこんな
ことがあって……

道に迷って

「対人力」アップのワーク

感情コントロール②
違った考え方をしよう

ねらい

トラブルのもととなる怒りなどの感情をコントロールする力を養う。

進め方

日頃感じた嫌な気持ちを、シートに書き込んでもらう。気持ちは、怒り、悲しみ、などネガティブな感情を扱う。それらの気持ちを落ち着かせる考え方を記入してもらい、気持ちの変化を確認する。

ポイント

- 気持ちの程度（%）は100%なら行動化する（怒りなら100%で殴りかかるなど）レベルと考え、60%以上になる出来事を選ばせる。
- 落ち着かせる考え方は、40%以下のものが出てくるまで考えさせる。
- 自分も悪かったのでは？ という自責的な考えで怒りが下がることが多い。子どもが他責的な考え方ばかりするときは、自分にも非がなかったかを振り返らせるようなヒントを出してあげる。

留意点

- ここでの回答は、子どもの怒りが落ち着くことに主眼を置く。ただし、非道徳的な考え方（「死ねと思う」など）は避けるよう伝える。
- ここでは、自分の考えの変化だけで感情のコントロールを目指すため、「先生に相談する」といった選択はしないこと。

違った考え方をしよう

日頃感じた嫌な気持ちを、シートに書き込んでみましょう。その嫌な気持ちを落ち着けるための方法を考え、記入してみましょう。

いつ？ 5 月 21 日 12 時頃　どこで？（ 学校 ）

何が あった の？

A君がぶつかってきたのにあやまらなかった。

そのとき、あなたはどうしたの？ どう思ったの？

ムカついた

それはどんな気持ち？ どれくらい強い？

気持ち： いかり　80 %

	違った考え方	気持ち	%	感想
考え方①	しかえししてやろう	いかり	85	もっとムカついてきた
考え方②	ムシしよう	いかり	60	でも思いだしてしまう
考え方③	ひょっとしてよろけただけ？	いかり	30	それならしかたない

「対人力」アップのワーク

感情コントロール③
悩み相談〈-1-2〉

ねらい

友だちの悩みに寄り添い、適切に声をかけてあげることで他者への共感や思いやりの力を養う。

進め方

Aさんの悩みに対し、B君、C君が声をかけている。Aさんは B君の声かけにはがっかりし、C君の声かけには気持ちが楽になっている。それぞれがどんな声かけをしたのか想像して、書いてもらう。

ポイント

・いかにAさんの立場になって考えることができるかがポイント。自分の似たような体験を思い出してもらい、そのときにはどのような声かけがほしかったかを書いてもらうとよい。

・非現実的な声かけだとしても、ここではAさんに共感し、思いやることが目的なので、１つの声かけとして受け取ってあげよう。

留意点

自分に対してはできなくても、他人への声かけの言葉は、意外と思いつくもの。子どもの実際の行動と違うような矛盾があっても指摘せず、うまく声かけができたことをほめる。

他者に対して行なった声かけは、Aさんと同じ立場になったときの心の助けとなったり、同じようなケースの同級生に対しても優しく接するきっかけになる。

悩み相談-1

Aさんは悲しんでいます。Aさんの悩みをB君とC君が聞いてあげました。AさんはB君の声かけにがっかりし、C君の声かけには気持ちが楽になりました。B君とC君はそれぞれどんな声かけをしたと思いますか。考えて書きましょう。

今度のバトミントン大会でやっと選手に選ばれたのに、ケガしちゃったの。それで試合に出られなくなって。ずっと練習してきたのに……。
Aさん
B君
バカだなあ 気をつけないからだよ
B君には言わなければよかった……。
C君
それはつらかったね ぼくだったら泣いてしまうよ ケガは大丈夫？
C君、ありがとう！ 気持ちが楽になった。 聞いてくれてありがとう。

「対人力」アップのワーク

危険察知　どこが危ない？〈-1-2〉

ねらい

危険な状況を日頃から事前に予測しておくことで、危険を回避できる力を養う。

進め方

ワークシートにあるイラストを見てもらい、危険だと感じたところ５カ所に×をつけ、１から順に番号をつけてもらう。その後、下の番号に対応する空欄に×をつけた理由を書いてもらう。次に危険だと思う順番、起こり得ると思われる順番について下の空欄に番号を書き、どれが一番危険なのかを考えさせる。

ポイント

誰も好んで危険な目にあうわけではない。子どもたちでも普通に予想できることには注意を払えるが、予想外のことや、まだ一度も経験したことがないこと、それをするとその後どうなるかを予想できないことに対しては、注意深く行動することは難しい。ここでは、できるだけ起こり得ることをたくさん挙げてもらう。

留意点

危険と感じる点は、子どもによって違うことも。少しでも多くの危険を感じとることが目的なので、みんなと違うこと、あり得ないようなことを子どもが言ったとしても、たしなめたりせず「１つの気づき」として聞き、「よくそこまで気がついたね」と声をかけてあげよう。

どこが危ない？-1

下の絵の中で事故が起きました。まわりの大人が慌てています。どこが危ないと思いますか？

あなたが危ないと思うところに×と番号をつけ、その理由を下の数字のところに書きましょう。危険なところは1つではありません。

1（ 車が左折してつっこむ ）
2（ 自転車が子どもにつっこむ ）
3（ おばあさんが転ぶ ）
4（ 車のドアが開いて自転車がぶつかる ）
5（ 車が動き出す ）

（5）→（1）→（2）→（4）→（3）

「対人力」アップのワーク

対人マナー
頼み方・謝り方・断り方〈-1-2〉

ねらい

適切な人への頼み方・謝り方・断り方について学ぶ。

進め方

ワークシートの場面を見て、成功する場合と失敗する場合の頼み方・謝り方・断り方について想像して書いてもらう。

ポイント

・人への頼み方・謝り方・断り方を学ぶうえで、まず不適切な方法について考えさせる。それを書いた子どもが、いままでに自分が不適切な謝り方・断り方を行なってこなかったか、気づいてもらう。

・次に、「自分ならどう言われたら受け入れるか？」「どんな言葉なら許すか？」を考えてもらうことで、自分が頼む際や謝る際、断る際に注意すべき点について気づいてもらう。

・実際にやってみると、意外と言葉で書き表せないことも多い。時間が取れるなら、練習として役を決めたロールプレイをしてみよう。

留意点

「何か物をあげて頼む、許してもらう」「お詫びに、○○してあげる」などの交換条件や「許してくれないと、○○する」といった脅しはその場限りの対応となる可能性があるので、もっと適切な方法がないか考えてもらう。

断り方-1

A君が友だちと下校の途中、道に財布が落ちていました。それを見つけたB君は「一緒に分けない？」と言いましたが、A君は警察に届けたほうがいいと思って断りました。

失敗例
B君は、怒って1人で帰ってしまいました。しかたなく、A君は財布を拾って交番に届けました。A君はどのようにB君に断ったのでしょうか。想像して書きましょう。

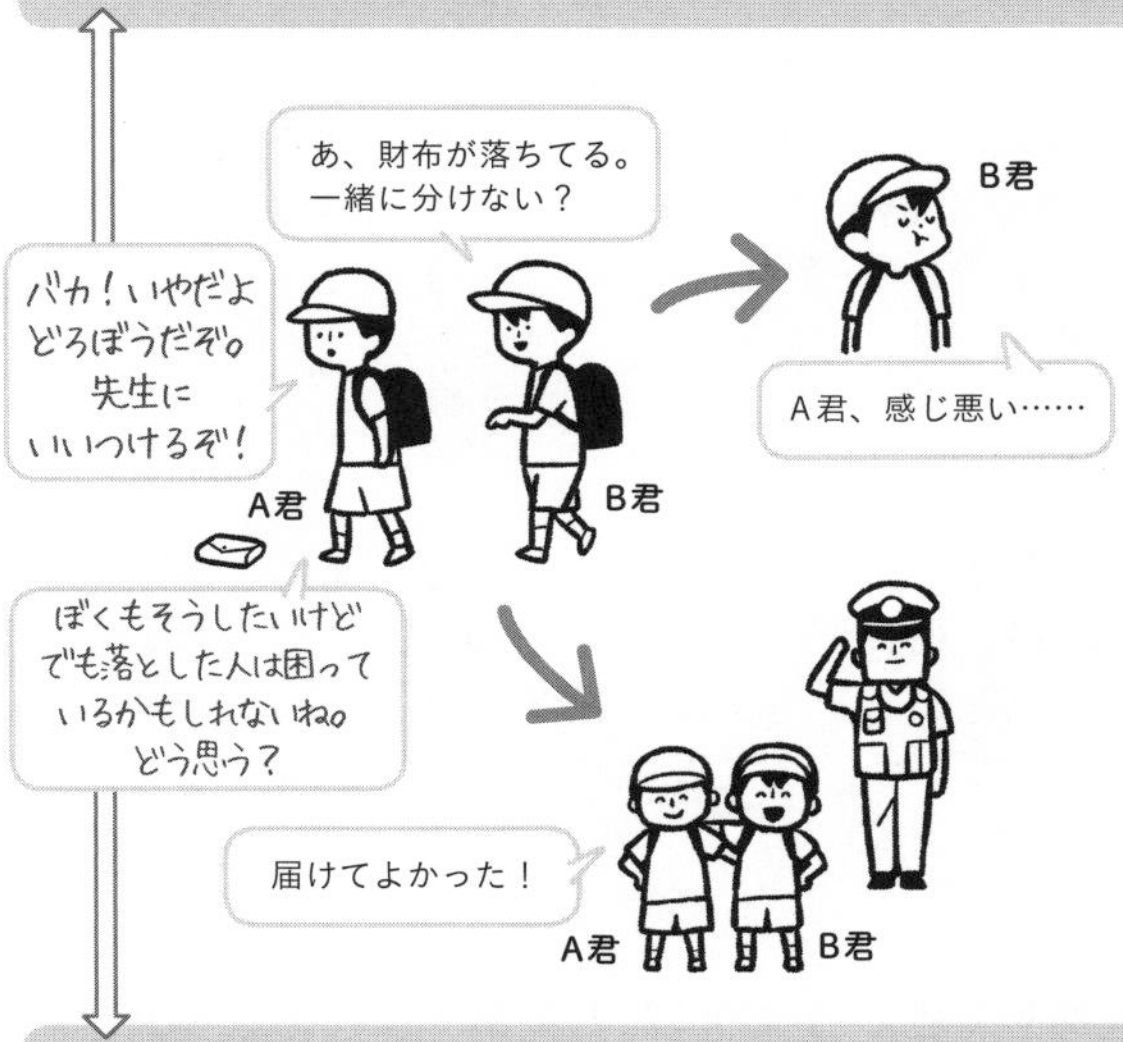
あ、財布が落ちてる。
一緒に分けない？
B君
バカ！いやだよ どろぼうだぞ。先生に いいつけるぞ！
A君、感じ悪い……
A君
B君
ぼくもそうしたいけど でも落とした人は困っているかもしれないね。どう思う？
届けてよかった！
A君
B君

成功例
B君は「そうだね」とA君に賛成しました。A君とB君は一緒に交番に財布を届けに行きました。A君はどのようにB君に断ったのでしょうか。想像して書きましょう。

「対人力」アップのワーク

問題解決力①　問題を解決しよう（結果が決まっているケース）〈-1-2〉

ねらい

困ったことに直面した際に、自分の力で考えて解決できる問題解決力を養う。

進め方

ワークシートに短い物語がある（上は困った場面になっている）。時間が経過すると（「時間が流れます」の部分）、問題は解決している。「時間が流れます」の部分ではいったいどのようなことが起こり、問題が解決したのかを考えてもらい、「考えてみよう」の欄に話を書いて物語を完成してもらう。

ポイント

問題を解決するまでには、さまざまな過程がある。「解決策」（複数ある）、「時間」（時間の経過が考慮されている）、「障害」（すぐにはうまくいかないことも考慮されている）の3つがまんべんなく含まれていることが、より現実的な解決の方法となる。

留意点

偶然的に解決したという文章（たとえば、Bさんに突然いいことがあって、急に機嫌がよくなりました、など）では問題を自ら解決したことにはならないので、あくまで解決策を出して解決させる内容を考えてもらう。

問題を解決しよう（結果が決まっているケース）-1

下の物語を読んで、「時間が流れます」の箇所に入る話を考えてみましょう。

〈物語〉
A君は困っています。

A君は転校生です。あるときA君はB君の誕生日会に呼ばれました。しかし、誕生会で知っているのはB君だけで、あとは知らない人ばかりでした。B君はほかの人と話すので忙しそうでした。A君は話す人がいなくて1人で立っていました。

↓（時間が流れます）

A君は誕生日会でほかの子と話しながら楽しく過ごしています。

考えてみよう

「時間が流れます」のところでは、どんなことがあったでしょうか？　短い話を作ってみましょう。

そこでA君は近くの人に「B君とはどんな関係？」と聞きました。するとムシされてしまったので、今度は違う人に「どこから来たの？」と笑顔で聞きました。するとニッコリ笑ってくれて話が弾み仲良くなれました。

「対人力」アップのワーク

問題解決力②
問題を解決しよう(次からどうする?)〈-1-2〉

ねらい

実生活で起こりうる困った問題に直面した際の、解決する力を養う。ここでは適切な解決策を選ぶことをうながし、次からどうするかを考える練習をする。

進め方

どちらの答えにすればいいかを迷うケースを示すので、下の4つのマスに「一方の目標を選ぶことでいいこと、悪いこと」「もう1つの目標を選ぶことでいいこと、悪いこと」について、回答を書いてもらう。自分にも当てはめながら、最後にどうするかを考えさせる。

ポイント

ある目標を選ぶことで、その本人にとってはいいこと(メリット)と悪いこと(デメリット)がある。ここでは相手の気持ちを考えるだけでは適切な目標が選べない場合に、長い目で見てそれを選ぶことが得か損かを考えさせ、そのあとは本人に目標を選ばせる。

留意点

ある不適切な目標を選ぶことで、「目先のいいこと(メリット)」のほうが魅力的に感じると、不適切な目標を修正できなくなるので、その不適切な目標によって生じる「長い目で見ると悪いこと(デメリット)」に気づいてもらい、適切な答えを探してもらう。

問題を解決しよう（次からどうする？）

A君は、いじめっ子のB君とC君に店でお菓子を取ってくるように言われて困っています。下の質問を考えて答えましょう。

・A君がお菓子を取ることでいいことはなんでしょうか？

・A君がお菓子を取ることで困ることはなんでしょうか？

・A君がお菓子を取らないことでいいことはなんでしょうか？

・A君がお菓子を取らないことで困ることはなんでしょうか？

・A君はどうしたらいいでしょうか？

	いいこと	悪いこと
 **取る**	いじめられないかも。	つかまるかも。
 **取らない**	つかまらない。	いじめにあうかも。

A君はどうしたらいいでしょうか？
自分にも当てはめて考えてみましょう。

「対人力」アップのワーク

問題解決力③
問題を解決しよう（結果が決まっていないケース）〈-1-2〉

ねらい

困ったことに直面した際に、自分の力で考えて解決できる問題解決力を養う。ここでは結末が決まっていない例について、解決策とその予想される結果まで考え、最適な解決策を考える。

進め方

ワークシートに困った場面を含んだ短い物語やイラストがある。下の問いに沿って（　　　）の中に考えを書いてもらう。時間がかかるため、たとえば朝に出題して考えてもらい、夕方に発表してもらうなど、２回に分けるとよい。

ポイント

・最初から正解を求めようとするのではなく、思いついた順から解決策を書いてもらう。

・非現実的な方法や非道徳的な方法が出てきても、すぐには否定せず、よく考えさせる。「現実的か？」「本当にそれでうまくいくのか？」「ズルくないか？」などが解決策の目安となる。

留意点

子どもが不適切な解決案を出しても、あくまで１つの案。解決案自体を否定すると自由に発想することを妨げ、思考が硬くなる可能性がある。「それをしたらどうなるか？」を考えさせることが重要。

問題を解決しよう（結果が決まっていないケース）-1

下の絵を見て、下の問いに答えてみましょう。

A君は転校生です。まだ学校に慣れてなくて友だちもできていません。ある日、B君が話しかけてくれました。でもあとになって、背中に「バカ」と貼り紙をされてることに気がつきました。

何が起きているでしょうか？（ いたずらされた ）

それぞれどんな気持ちになっているでしょうか？
A君（ かなしい ） **B君**（ おもしろい ）

どうなったらいいでしょうか？（ いたずらされない ）

どうやって解決したらいいでしょうか？ **どうなるでしょうか？**
1.（ 先生に言う ）➜（ 仕返ししてくる ）
2.（ ムシする ）➜（ またされる ）
3.（ がまんする ）➜（ またされる ）
4.（ はりかえす ）➜（ けんかになるかも ）
5.（ にげる ）➜（ うまくいくかも ）

あなたは、どの方法を選びますか？（ 5 ）
それを選んだ理由は？（ にげれば、はられないから ）

「身体力」アップのワーク

身体面への働きかけとして、作業療法分野と精神医学分野の視点から開発された認知作業トレーニングCOGOT（Cognitive Occupational Training）を使用し、短時間で体験できるよう紹介しています。

COGOTは「協調運動、固有感覚、筋力調整、注意・集中力、動作の予測、記憶力」などさまざまな身体機能・認知機能に対応させたトレーニングモジュールを組み合わせた体系的プログラムです。

COGOTの特徴は、大人が一方的に指導するのではなく、子どもの認知機能にも働きかけ、どうしたらうまくいくか、失敗したら次からどうしたらいいか、など考えさせながら進めていく点です。

身体力をアップするコグトレは、次の4分野、計10個のトレーニングで構成されています。それぞれ3回ずつ（計30回）やってみましょう。

【分野】	【課題】
A ボディイメージの向上	「棒回し」「棒渡し」「片足立ち」
B 協調運動（粗大）	「棒回転」「棒キャッチ」
C 協調運動（微小）	「テニスボール積み」「つまようじ積み」「折り紙ちぎり」
D 身体模倣	「静止模倣」「時間差模倣」

身体力アップのコグトレでは、用意していただくものがいくつかありますが、どこでも手に入るものを基本としています。

Cの協調運動（微小）では、テニスボール（2個）とつまようじ（100本）か綿棒（100本）、折り紙（1回1枚）を使用します。

また、Aの「ボディイメージの向上」と、②の「協調運動（粗大）」では、日本COG－TR学会で規定の「コグトレ棒」を使用しながらトレーニングを行なっていきます。

コグトレ棒は自作していただきます。

重ねた新聞紙10枚をクルクルと丸め、テープで3カ所止めるだけで出来上がりです。とても簡単なので、子どもと一緒に作ってみましょう。

コグトレ棒の作り方

用意するもの

・新聞紙
・赤・黄・青の
　カラー布テープ
（カラーガムテープ）

---

①くるくる巻いていく

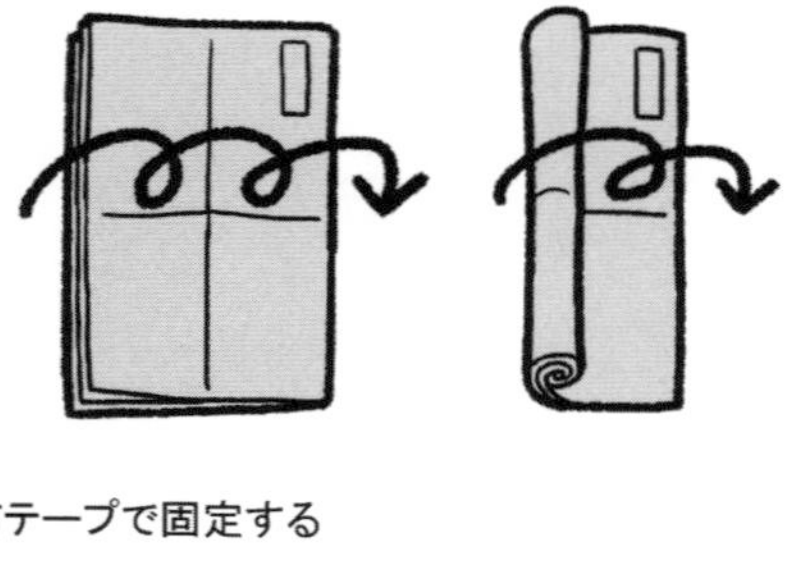

②カラー布テープで固定する

直径
3cmくらい

赤　黄　青

③1人2本用意する

用意するもの（１本分）

新聞紙（10枚・朝刊約１・５日分）、カラー布テープ（赤・黄・青の３色）

作り方

①まず、10枚重ねた新聞紙を、直径約３㎝程度になるようにめくる部分からしっかりと巻いていきます。

②巻いたら中央を黄色、両端は赤色と青色のカラー布テープで固定します。

③コグトレ棒は、１人につき２本用意します。棒の長さは子どもの身体の大きさに合わせて調整しても大丈夫です。

「身体力」アップのワーク

ボディイメージの向上①　棒回し

ねらい

コグトレ棒（前ページの作り方参照）を使って自己のボディイメージを高めていく。

進め方

一方の手でコグトレ棒の端を持ち、正面を向いて棒を見ずに、棒が身体に触れないように、
①頭の上、②腰の後ろ、背中の後ろ、③脚の間を回し、反対の手で受けとる。次に、逆回りで方向を変えてみる。
最後は、④両手で棒の端を持ってまたぐ。
手を離さずに片足ずつ棒をまたぐ。両足ともまたいだら、今度は反対に抜け出す。

ポイント

棒の先端を持ちながら、身体に触れないように回す。

留意点

・棒を見ないように、また棒が身体に触れないように注意する。

・立った状態での足くぐりは、難しければ無理せず椅子に座って行なう。

棒回し

1

右手で棒の端を持ち、上を見ないで左手で受け取ります。受け取ったら今度は右手に戻します。これを繰り返します。

2

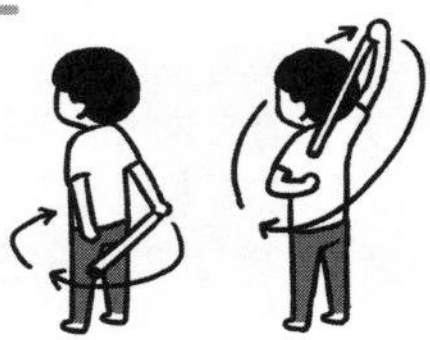

右手で棒の端を持って腰の後ろに回し、左手で受け取ります。受け取ったら身体の前を通して右手に返します。背中の後ろでもやってみましょう。反対回りもしてみましょう。

3

一方の手で棒の端を持ち、股の間を前から後ろに反対の手に渡し、脚の外側を回して前に持ってきます。8の字のように回していきましょう。

4

棒の両端を両手で握り、手を離さずに片足ずつ棒をまたいでみましょう。両足ともまたいだら、今度は身体の後ろ側になった棒をまたいで、反対に抜け出してみましょう。

「身体力」アップのワーク

ボディイメージの向上②　棒渡し

ねらい

2人で棒を使った運動を相手の動きも予想しながら行なうことで、ボディイメージを高めていく。

進め方

2人が背中合わせに立ち(背中の距離は棒1本分)、お互い右手にコグトレ棒（212～213ページ）の端を持って両手を挙げる。そして相手の左手に渡す。上を見ず、まっすぐ前を向く。頭の上が終わったら、腰の横でも同様にチャレンジしてみる。

それぞれ5回以上できれば反対回りに受け渡す。棒はできるだけゆっくりと渡す。

ポイント

・棒を渡す側が準備ができたら、受け取る人に「はい」と声をかけてあげると受け取りやすい。

・参加者は、お互い離れて背中合わせに立つ。

留意点

・相手の手の位置をイメージすることが重要。うまくいかなければ、実際に見てどれだけずれていたかを確認し、もう一度繰り返す。

・棒を大きく速く動かして相手の手を探すとイメージの練習にならないので、棒はできるだけゆっくりと動かすこと。

棒渡し

1

背中合わせに立ち、2人とも右手に棒を持って両手を挙げます

2

相手の棒がどこにあるかを想像しながら左手で棒を探し、つかみます。上を見てはいけません。

3

つかんだら右手に持ち変え、再度1から繰り返します。5回くらいできれば逆回り（左手に棒を持って上に挙げる）も試してみましょう。

4

頭の上ができたら、腰の横でも同じように渡してみましょう。

「身体力」アップのワーク

ボディイメージの向上③　片足立ち

ねらい

指示通りに動くことでバランス感覚を身につける。

進め方

腕は下ろした状態で、片足で立つ。安定したら大人が指示し、ふらつかずに腕をさまざまな位置に動かしてもらう。次は足を変え、今度は目を閉じて同じことをやる。いずれも持続時間は5秒を目標とする。

ポイント

・足を動かさないように注意する。

・目を開けているとき、親も子どもと向かい合って同じ動きをしながら見本を見せるとわかりやすい。

・目を開けた状態でも片足で立つことがなかなかできない場合は、まず片足で立てることを目指そう。

留意点

・大人の指示に従っていろいろなポーズをとる前に、目を開けて片足立ち、目を閉じて片足立ちができるか確認する。

・目を開けていても、5秒以上片足でふらつかずに立つのが困難であれば、目を閉じての片足立ちはやらないでOK。

・開眼片足立ちでふらつくときは、開眼両足立ちでもふらつきがないか確認すること。

片足立ち

1

まず片足だけで立ってもらいます。

2

安定したら「左手を挙げて」等と指示します。

3

次は、「右手を腰に当てて」と指示します。

4

さらに、「右手は水平に伸ばし、左手は頭に」と指示します。簡単にできれば、次は目を閉じてやってもらいましょう。

「身体力」アップのワーク

協調運動（粗大）①　棒回転

ねらい

棒を使った運動を行い、瞬発力や全身の協調運動の力を高める。

進め方

立ったまま片手でコグトレ棒の端を握り、左図のように①タテ半回転、②タテ逆半回転、③ヨコ半回転、ヨコ逆半回転、④タテ１回転などをさせ、棒をキャッチする。

ポイント

・棒を握る位置や受け取る位置は、色で指定する（赤を握って、など）とわかりやすい。

・タテ回転は手首を上にひねるイメージで動かすと、スムーズ。

・最初は逆回転をイメージしにくい場合がある。その際は大人が棒を手に持ち、スローモーションで棒の動きを示してあげる。

・ヨコ逆回転の１回転では手首の動きだけでは棒は回転しにくいため、腕を上に振り上げるようにして投げるとよい。

留意点

・足が動いて身体全体がぶれないよう注意する。

・半回転、１回転がわかりにくいときは色を指定してあげる
（例　赤で投げて青を取る：半回転、赤で投げて赤で取る：１回転）。

・棒が長いようであれば、棒を短めに作ってもよい。

棒回転

1

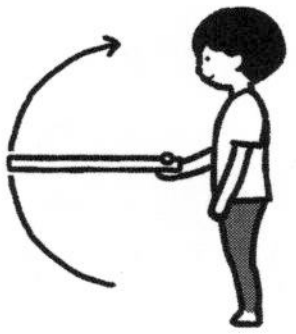

絵のように右手で棒の端を下から握り、手前に半回転して投げ、棒の反対側の端をつかみます。落とさないよう連続10回繰り返してみましょう。

2

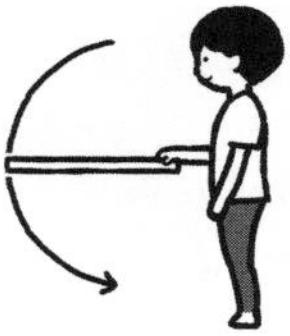

今度は棒を上から握り、逆半回転して同じように棒の反対側の端をつかみます。右手でできれば左手に変えてみましょう。

3

絵のように右手で棒の端を上から握り、外回りに半回転（本人から見て時計回り）させて投げ、棒の反対側をつかみましょう。連続10回できれば、逆半回転（反時計回り）させたり、反対の手（左手）でも同じように回してみましょう。

4

1は半回転ですが、慣れれば1回転も挑戦してみましょう。

「身体力」アップのワーク

協調運動（粗大）② 棒キャッチ

ねらい

コグトレ棒を使い、瞬発力や全身の協調運動の力を高める。

進め方

2人が向かい合い、お互い棒の真ん中（黄色の部分）を右手でタテに持つ。そして同時に相手の左手に投げてお互いにキャッチする。キャッチしたら右手に持ち変え、再度繰り返す。1本ができれば次は2本にもチャレンジする。落とさないよう10回繰り返す。慣れれば、逆方向もチャレンジしてみる。

ポイント

・投げるほうに注意を向けるか、受けるほうに注意を向けるかによって難しさが違ってくるので試してみる。

留意点

・かけ声をかけて行なうとタイミングが合う。

・棒がタテ方向に、まっすぐになっていることが重要。投げるときに棒がヨコに傾いていると、棒同士がぶつかってうまくいかない。

棒キャッチ

1

右手でコグトレ棒の黄色のところを持ち、向かい合った相手の左手に投げます。

2

左手で受け取ったらすぐに右手に持ち変え、また相手の左手に投げ、これらを落とさないよう10回繰り返します。

3

次は1本ずつ両手に持ちます。右手に持っている棒を相手の左手に投げたら左手に持っている棒をすぐに右手に持ち変え、飛んでくる棒を左手でキャッチします。

4

これを落とさないように10回続けましょう。できれば反対方向（左手で投げる）もチャレンジしてみましょう。

「身体力」アップのワーク

協調運動（微小）①　テニスボール積み

ねらい

指先の細かい作業が上手にできるようになることを目指す。また目標を達成する考え方を養う。

進め方

テニスボールを1人2個用意し、落ちないように2段に積み上げる。10秒間落ちなければ成功。複数人で行い、誰が一番早く積めるか競争してもよい。

ポイント

・下のボールがしっかり安定すること、上のボールを載せるのに安定した場所を探し、それが真上にくるよう調整する。

・息を止めながら両指を小刻みに動かし、上のボールが転がらないポイントを探す。

留意点

横から見ながら片手で積もうとする人もいるが、片手・両手のどちらが積みやすいか、また横・上のどちらから見るとうまくいくか試してみる。

テニスボール積み

1

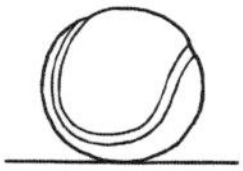

しっかりした台の上にテニスボールを１個置きます。

2

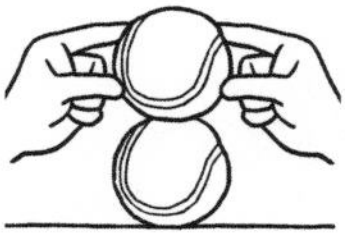

その上にもう１個テニスボールを落ちないように積みます。制限時間はありません。

3

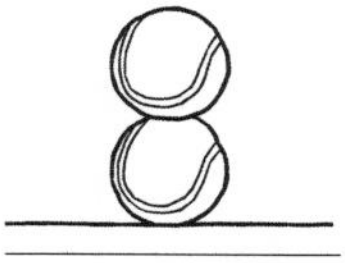

２段積めたら手をそっと離してみましょう。10秒間落ちなければ成功です。

4

みんなで取り組んで、誰が一番早く積めるか競争してもいいでしょう。

協調運動（微小）②　つまようじ積み

ねらい

指先の細かい作業がうまくなることを目指す。また目標を達成する考え方を養う。

進め方

つまようじを漢字の「井」の形になるよう、できるだけ高く積んでいく。時間制限は90秒。積み上げすぎると崩れるので、途中でやめることも学ぶ。親子でどちらが高く積めるか競争してみよう。4人以上いれば、2人ずつチームとなり1本ずつ交代で積んでいき、チーム対抗にしてもよい。

ポイント

・最初に練習し、何段くらい積めるか試してみよう。

・自分の積める限界を知ることができると、崩れる手前でやめることができる。

・チーム戦では、ほかのチームの積み上げた様子を観察しながら自分たちの作戦を練ると楽しくできる。

留意点

・指導のポイントはテニスボール積みと同じだが、土台をよりしっかりと作る必要があり、より細かな指先の動きが必要になる。

・つまようじが危なければ、綿棒で代用してもOK。

つまようじ積み

1

まずは練習です。１本ずつ積み上げていきます。何段くらい積めるかを試してみましょう。

2

時間を図ります。制限時間は90秒です。

3

スタートしたら、90秒でできるだけ高く積みます。親子でどちらが高く積めるか競争してみましょう。しかし、崩れると最初からやり直しになりますから、慎重に積んでいきましょう。

4

４人以上いれば、チーム対抗にしてもいいでしょう。お互いにほかのチームがどれだけ積んでいるかを見ながら競争しましょう。

「身体力」アップのワーク

協調運動（微小）③　折り紙ちぎり

ねらい

指先の細かい作業が上手になることを目指す。また目標を達成する考え方を養う。

進め方

折り紙を、指を使って途中で切れないように、できるだけ長くちぎっていく。時間は90秒。親子で競争してみよう。90秒の時点で長いほうが勝ち。

ポイント

・慌てると途中で切れるので、落ち着いて慎重にちぎっていく。切り方は自由。

・相手の進み具合を観察する。

留意点

・時間が決まっているため急ぐ必要があるが、あせると途中で切れてしまう。これも他者に勝つための時間管理や抑制、駆け引きが必要。

・指でちぎる以外に、子どもの発達に合わせてハサミでも試してみよう。

・折り紙の代わりに、新聞紙を使ってもよい。

折り紙ちぎり

1

折り紙を１人１枚用意します。

2

指を使って、90秒でできるだけ長くちぎっていきます。途中で切れないように注意しましょう。

3

90秒経ったら、長さを比べてみましょう。長いほうが勝ちです。

4

大勢で時間を計って競争してもいいでしょう。

「身体力」アップのワーク

身体模倣①　静止模倣

ねらい

相手の身体の動きを真似ることで、観察力や身体の使い方を学ぶ。また身体を使った作業や仕事の内容を身につけることに役に立つ。

進め方

子どもと向かい合い、大人がしているポーズを模倣してもらう。1 ポーズを見ながら真似る、2 大人のポーズを覚えさせる、3 覚えてから真似る、4 ものとの関係性も真似る、の順で行なう。

ポイント

・提示するポーズは手や腕の場合、片手のみ、両手（体の正中線を越えない）、両手（片手だけ正中線を越える）、両手（両手とも正中線を越える）を使う、の順で難しくなる。最初は片手だけでOK。

・手や腕以外にも、下肢や頭の向き、指の形、上下肢・頭・指を組み合わせたポーズなどを加えることで難易度が変わる。子どもの発達に合わせて調整する。

留意点

・真似るポーズは鏡の前に立った模倣（左右反転した鏡像模倣）でなく、相手の立場に立って真似ること（非鏡像模倣）。

・向かい合った相手の左右がわかるかを確かめる。

・ポーズはデッサン人形やイラストで提示してもよい。

静止模倣

1

大人がしているポーズを見ながら真似てもらいます。最初は簡単なポーズから始めましょう。

2

次は、大人がまずポーズをとってそのポーズを子どもに覚えさせてから、もとに戻ります。

3

覚えたら、子どもにも同じポーズをしてもらいます。鏡像模倣（左右反転）のポーズではありません。

4

最後に、ものとの関係性も覚えて真似てもらいます（椅子の右に立ち、姿勢を真似るなど）。

「身体力」アップのワーク

身体模倣②　時間差模倣

ねらい

相手の姿勢を記憶しながら真似ることで、記憶力と観察力を向上させる。

進め方

子どもと向かい合い、自分がやった1つ前のポーズを模倣してもらう。それを5～10ポーズ繰り返す。終わったら役割を交替してみる。各ポーズの提示時間は1秒程度とする。

ポイント

・最初は左右対称になるポーズから始め、慣れたら左右非対称となるポーズにチャレンジしてみよう。

・一度に施行するのは、10ポーズ程度までとする。

留意点

最初は間隔を長めに取り、確実に正解できるよう練習させる。間違ったら前のポーズに戻って、正しいポーズを確かめさせる。

時間差模倣

1

1つ前のポーズを真似るように子どもに伝えます。子どもは、最初は何もしません。まずは、簡単な左右対称のポーズから始めます。

2

大人が次のポーズをとったら、子どもに1つ前のポーズを真似させます。

3

順にポーズを進めていきます。5～10ポーズでいったん休憩します。

4

慣れてきたら、左右非対称のポーズにしてみます。また役割も交替して（子どもに先行させて）みましょう。

もっと「コグトレ」に取り組んでみたいときに おすすめのテキスト

●認知力をもっとアップさせたい

『もっとやさしいコグトレ　認知機能強化トレーニング』(三輪書店)

『やさしいコグトレ　認知機能強化トレーニング』(三輪書店)

『コグトレ　みる・きく・想像するための認知機能強化トレーニング』(三輪書店)

『もっとコグトレ　さがし算　初級・中級・上級』(東洋館出版社)

『１日５分　教室で使える漢字コグトレ　小学１～６年生』(東洋館出版社)

『１日５分　教室で使える英語コグトレ　小学３・４、５・６年生』(東洋館出版社)

●対人力をもっとアップさせたい

『社会面のコグトレ　認知ソーシャルトレーニング①②』(三輪書店)

●身体力をもっとアップさせたい

『不器用な子どもたちへの認知作業トレーニング』(三輪書店)

書籍特典「コグトレ」ワークシート

次のURLかQRコードにアクセスし、コグトレワークシートをダウンロードしてください。A4用紙で印刷するとちょうどよい大きさになります。

● URL　**https://kanki-pub.co.jp/pages/kogutore/**

● QRコード

おわりに

ここまでお読みいただき、まことにありがとうございました。

本書では、子どもにとって「安心の土台」と「伴走者」の存在が何より大切と、何度も繰り返しお伝えしてきました。

じつはこのことは、私自身の経験もベースになっています。ハッと気づかされたエピソードをご紹介しましょう。


冒頭の「コグトレ体験者と採用した教員の声」でも少し紹介しましたが、教室で5分間のコグトレを導入する学校が増えてきたほか、複数の教育委員会から「市全体・県全体で導入したい」といった相談や講師依頼を多々いただくようになりました。またコグトレの普及・研究を目的とした日本COG-TR学会も設立され、ようやくコグトレが全国に認知され始めたと実感します。

いまでは多くの支援者に支えられているコグトレですが、ここまでの道のりは決して簡単なものではありませんでした。

おそらく最も保守的な省庁のひとつである法務省矯正局管轄の少年院に、単身乗り込んだのはいまから11年前のこと。

本書でもさまざまなエピソードを紹介しましたが、非行少年たちの未来を考え開発していったコグトレは、当初まったく受け入れられませんでした。「少年たちのためになるトレーニングだから、喜んでやってくれる」といった期待は無残にも打ち砕かれたわけですが、いまから思えばトレーニング自体より大切なものがすっぽりと抜け落ちていたのです。

私は、少年たちには「やってみたいけど、不安な思い」があること。さらに、「誰かそばにいて、見守ってほしい気持ち」があったことに気づいていませんでした。

少年たちからそっぽを向かれた私にさらに追い打ちをかけたのが、仲間である教官の反応です。当然、協力してくれると思っていたのに、「研究目的でデータを取りたいだけなんじゃないの」「少年たちも嫌がっているし、私たちもやりたくない」といった否定的な声ばかりが聞こえてきました。

私はだんだんと嫌になり、もう少年院を辞めたいと思うまでになりました。しかしその窮状を救ってくれたのは、当時の首席（少年指導の責任者）

の「私はこのトレーニングは絶対に必要だと思う」というひと言でした。それから、徐々に教官たちも協力をしてくれるようになったのです。

伴走者を得たこと。これが、私がやる気を取り戻したきっかけでした。どんなにすばらしい教材やプログラムがあっても、安心感と伴走してくれる人の存在がなければ意味がない……このことを、私自身、身をもって知ったのです。少年院での得難い体験がなければ、コグトレは完成しなかったでしょう。

最後になりましたが、私に「子どもの心」に関する大切な気づきを与えてくれた少年院の少年たちに、心より感謝の気持ちを伝えたいと思います。

本書の内容を実践することで、大切なお子さまの「生きづらさ」が少しでも軽くなり、しあわせな未来を創り出す一助になるなら、これ以上の喜びはありません。

2020年7月

宮口 幸治

【著者紹介】

宮口　幸治（みやぐち・こうじ）

◉――医学博士、児童精神科医（子どものこころ専門医）、日本精神神経学会専門医、臨床心理士、公認心理師。

◉――立命館大学産業社会学部・大学院人間科学研究科教授。

◉――京都大学工学部卒業後、建設コンサルティング会社勤務ののち、神戸大学医学部医学科卒業。神戸大学医学部附属病院精神神経科、大阪府立精神医療センター、法務省宮川医療少年院、交野女子学院医務課長などを経て、2016年より立命館大学教授。

◉――困っている子どもたちを教育・医療・心理・福祉の観点で支援する「日本COG-TR学会」代表理事を務め、全国で教員や支援者向けに研修を行なっている。

◉――おもな著書に、70万部を超えた『ケーキの切れない非行少年たち』（新潮社）のほか、『教室の「困っている子ども」を支える７つの手がかり』（明石書店）、『みる・きく・想像するための認知機能強化トレーニング』（三輪書店）、『１日５分！教室で使えるコグトレ　困っている子どもを支援する認知トレーニング122』（東洋館出版社）など多数。

不器用《ぶきよう》な子《こ》どもがしあわせになる育《そだ》て方《かた》

2020年 7月 20日　　第1刷発行
2021年 10月 5日　　第7刷発行

著　者――宮口　幸治
発行者――齊藤　龍男
発行所――株式会社かんき出版
東京都千代田区麹町4-1-4 西脇ビル　〒102-0083
電話　営業部：03(3262)8011㈹　編集部：03(3262)8012㈹
FAX　03(3234)4421　　振替　00100-2-62304
http://www.kanki-pub.co.jp/

印刷所――図書印刷株式会社

　ISBN978-4-7612-7502-0 C0037